Quiche
Pizza & Co.

Quiche
Pizza & Co.

Inhalt

Klein, aber oho — 6
Klein die Quiches – groß die Augen Ihrer Gäste: Mit pikanten Minikuchen kommt Abwechslung auf den Vorspeiseteller!

Gemüsehits — 22
Knackiges Gemüse auf knusprigem Teig – bei dieser Kombination bleiben keine Wünsche offen!

Für Gäste und Feste — 48
Ob warm oder kalt – Quiche, Pizza & Co. machen Gäste glücklich und Feste famos!

Ruckzuck in den Ofen — 72
Auch wenn's mal wieder schnell gehen muss, sind Quiche, Pizza & Co. die richtigen Kanditaten: Fertigteige aus dem Kühlregal machen's möglich!

Aus aller Welt — 92
Gehen Sie auf kulinarische Reisen: Mit Pizza Margherita, Quiche lorraine & Co. kommt Urlaubsfeeling auf den Tisch!

Tipps & Ideen — 114
Tipps & Ideen, wie Sie mit Zutaten aus dem Vorrat schnell und unkompliziert leckere Eigenkreationen zaubern

Register — 118

KLEIN, ABER OHO

Mais-Schinken-Törtchen

Zutaten für 4 Personen:
Für den Quark-Öl-Teig:
175 g Mehl · ½ TL Salz
125 g Magerquark · 3 EL Öl
Für den Belag:
2 Frühlingszwiebeln
70 g gekochter Schinken
1 Dose Mais (400 g)
70 g Gouda, frisch gerieben
2 Eier · 200 ml Milch
Cayennepfeffer · Salz
Und: 8 feuerfeste Förmchen von 10–12 cm ø

Arbeitszeit: 1 Std.
Backzeit: 25 Min.
Pro Portion etwa: 480 kcal · 22 g EW · 21 g F · 54 g KH

PREISWERT

1 Die Teigzutaten mit 1–2 EL eiskaltem Wasser zu einem geschmeidigen Teig verkneten. Zugedeckt 30 Min. kühl stellen.

2 Frühlingszwiebeln putzen, waschen, in sehr feine Ringe schneiden. Den Schinken klein würfeln. Zwiebeln, abgetropften Mais und Schinken mischen.

3 Den Ofen auf 225° vorheizen. Die Förmchen fetten. Den Teig nochmals durchkneten. In 8 Portionen teilen, jeweils rund ausrollen und die Förmchen damit auskleiden. Die Teigböden mit einer Gabel mehrmals einstechen.

4 Die Maismischung in die Törtchen verteilen, mit dem Käse bestreuen. Eier und Milch verquirlen, mit Cayennepfeffer und etwas Salz würzen, über den Käse träufeln. Im Ofen (Mitte, Umluft 200°) 25 Min. backen.

Klein, aber oho

Kleine Brokkoliquiches

Zutaten für 4–6 Personen:

Für den Hefeteig:
250 g Mehl · ½ Würfel Hefe
⅛ l lauwarme Milch
2 Prisen Zucker
50 g weiche Butter · Salz

Für den Belag:
600 g Brokkoli
80 g Pinienkerne
200 g Sahne · 4 Eier
150 g Greyerzer
Muskatnuss, frisch gerieben
weißer Pfeffer
Und: 8–12 feuerfeste Förmchen von 10 cm Ø

Arbeitszeit: 50 Min.
Backzeit: 30 Min.
Bei 6 Personen pro Portion etwa:
485 kcal · 26 g EW · 23 g F · 43 g KH

FÜR DIE GROSSE RUNDE

1 Das Mehl in eine Schüssel sieben und in die Mitte eine Mulde drücken. Die Hefe hineinbröckeln und mit 4 EL Milch, Zucker und etwas Mehl verrühren. Den Vorteig zugedeckt 15 Min. ruhen lassen. Dann mit dem übrigen Mehl, der restlichen Milch, der Butter und 2 Prisen Salz vermischen. Alles mit den Knethaken des Handrührgerätes verrühren und den Teig zugedeckt an einem warmen Ort 45 Min. gehen lassen.

2 Inzwischen den Brokkoli waschen, putzen und in kleine Röschen teilen. Dann in reichlich kochendem Salzwasser 5 Min. blanchieren, kalt abschrecken und abtropfen lassen.

3 Die Pinienkerne ohne Fett hellbraun anrösten. Die Sahne mit den Eiern verquirlen, den Käse raspeln und unterrühren. Mit Muskat, Pfeffer und etwas Salz pikant würzen. Den Backofen auf 200° vorheizen.

4 Den Teig nochmals durchkneten, dünn ausrollen und die gebutterten Förmchen damit auskleiden. Brokkoli und Pinienkerne darin verteilen und mit der Eiersahne begießen. Im Ofen (Mitte, Umluft 180°) 30 Min. backen.

Kleine Gemüsequiches

Zutaten für 4–6 Personen:

Für den Mürbeteig:
250 g Mehl · 1 Ei · Salz
5–6 EL Milch
125 g Butter

Für den Belag:
Salz
1 mittelgroßer Zucchino
100 g Staudensellerie
3 Frühlingszwiebeln
2 mittelgroße Möhren
200 g Greyerzer, frisch gerieben
200 g Sahne · 4 Eier
Muskatnuss, frisch gerieben
weißer Pfeffer
1 Bund Schnittlauch
Und: 10–12 Tartelettförmchen von 10 cm Ø

Arbeitszeit: 1 Std.
Backzeit: 30 Min.
Bei 6 Personen pro Portion etwa:
610 kcal · 21 g EW · 41 g F · 41 g KH

GELINGT LEICHT

1 Das Mehl auf die Arbeitsfläche sieben und in die Mitte eine Mulde drücken. Das Ei, 2 Prisen Salz und die Milch hineingeben. Die Butter in kleinen Flöckchen auf dem Rand verteilen. Alles mit einem großen Messer bröselig hacken, dann zu einem glatten Teig verkneten. Zu einer Kugel formen und in Klarsichtfolie gewickelt 45 Min. kühl stellen.

2 Inzwischen reichlich Salzwasser zum Kochen bringen. Die Gemüse putzen, waschen und klein würfeln, die Frühlingszwiebeln in Ringe teilen. Die Gemüse im kochenden Wasser 2 Min. blanchieren, dann herausheben und eiskalt abschrecken. Anschließend gut abtropfen lassen.

3 Den Teig nochmals gut durchkneten und auf wenig Mehl dünn ausrollen. Die Förmchen damit auskleiden, überstehenden Teig abschneiden und die Teigböden mit einer Gabel mehrmals einstechen. Den Backofen auf 200° vorheizen.

4 Die Sahne mit den Eiern und dem Käse verquirlen. Den Guss mit Muskat, Salz und Pfeffer abschmecken. Den Schnittlauch waschen, klein schneiden und unter den Guss mischen.

5 Das Gemüse in den Förmchen verteilen und mit dem Eierguss begießen. Im Ofen (unten, Umluft 180°) 30 Min. backen. Vor dem Servieren 10 Min. ruhen lassen.

Lecker zu den kleinen Gemüsequiches: Kressesalat

Für 4 Portionen 300 g Brunnenkresse waschen und von den groben Stielen befreien. Für das Dressing 2 TL Senf, 3 EL Weißweinessig und 4 EL Sonnenblumenöl glatt rühren. 2 Schalotten schälen, klein würfeln und unterrühren. Mit Salz abschmecken. 1 Bund Schnittlauch waschen, trockenschütteln, in Röllchen schneiden und unterrühren. Das Dressing über die Brunnenkresse träufeln.

Aprikosen-Gorgonzola-Tartes

Zutaten für 3–6 Personen:
Für den Mürbeteig:
250 g Mehl
Salz · 1 Ei
100 g gekühlte Butter
Für den Belag:
100 g Gorgonzola
100 g Kräuterfrischkäse
100 g Schmand (ersatzweise Crème fraîche)
30 g gemahlene Mandeln
Salz · Zitronenpfeffer
1 Dose Aprikosen (325 g)
Minze zum Garnieren
Und: 6 feuerfeste Förmchen von 12 cm ø

Arbeitszeit: 50 Min.
Backzeit: 25 Min.
Bei 6 Personen pro Portion etwa:
560 kcal · 12 g EW · 39 g F · 41 g KH

MACHT WAS HER

1 Das Mehl mit 1 Prise Salz auf die Arbeitsfläche geben und in die Mitte eine Mulde drücken. Das Ei mit 2 EL eiskaltem Wasser hineingeben. Die Butter in kleinen Flöckchen auf dem Rand verteilen. Alles mit einem großen Messer durchhacken, dann zu einem glatten Teig verarbeiten.

2 Den Teig auf der bemehlten Arbeitsfläche ausrollen, die Förmchen damit auskleiden, dabei einen 1 cm hohen Rand formen. Den Teig zugedeckt mindestens 30 Min. kühl stellen.

3 Inzwischen den Gorgonzola in Würfel schneiden. Kräuterfrischkäse, Schmand und Gorgonzola verrühren. Die Mandeln unterheben. Mit Salz und Zitronenpfeffer abschmecken. Die Aprikosen abtropfen lassen und vierteln.

4 Den Backofen auf 175° vorheizen. Die Käsecreme gleichmäßig in die vorbereiteten Förmchen geben. Mit den Aprikosenvierteln belegen. Die Tartes im Backofen (Mitte, Umluft 160°) 25 Min. backen. Vor dem Servieren mit Minzeblättchen garnieren.

Minipizzen mit Schinken und Feigen

Zutaten für 4 Personen:
Für den Quark-Öl-Teig:
100 g Magerquark
1/2 TL Salz · 2 EL Olivenöl
1 Ei · 1 Eigelb . 200 g Mehl
1 1/2 TL Backpulver
Für den Belag:
6 frische Feigen
150 g Parmaschinken
200 g Schmand (ersatzweise Crème fraîche)
80 g Parmesan, frisch gerieben
schwarzer Pfeffer

Arbeitszeit: 40 Min.
Backzeit: 30 Min.
Pro Portion etwa: 600 kcal · 28 g EW · 29 g F · 57 g KH

SCHMECKT AUCH KALT

1 Den Quark in ein Tuch geben und ausdrücken. Dann mit 1/2 TL Salz, Öl, Ei und Eigelb verrühren. Das Mehl mit dem Backpulver dazusieben und alles zu einem glatten Teig verarbeiten. Den Teig mindestens 30 Min. kühl stellen.

2 Die Feigen waschen oder schälen, halbieren und quer in dünne Scheiben schneiden. Den Schinken in Streifen schneiden. Den Schmand mit dem Käse mischen. Den Backofen auf 200° vorheizen. Das Blech fetten.

3 Den Teig auf wenig Mehl nochmals durchkneten. Zu einer Rolle formen und in Scheiben schneiden. Daraus kleine Pizzen formen, dabei die Ränder etwas hochdrücken und auf das vorbereitete Blech legen.

4 Die Feigen und den Schinken darauf verteilen, auf jede Pizza etwas Schmandmischung geben. Mit Pfeffer bestreuen und im Ofen (Mitte, Umluft 180°) 30 Min. backen (eventuell die Oberfläche mit Alufolie abdecken).

Lecker zu den Minipizzen mit Schinken und Feigen: Rucolasalat

Für 4 Portionen 250 g Rucola putzen und waschen. 200 g Kirschtomaten waschen und halbieren. Die Rucola und Tomaten mischen. Für das Dressing 3 EL Kräuteressig, 1/2 TL Honig, Salz, Pfeffer und 6 EL Distelöl verquirlen. 1 fein gehackte Knoblauchzehe unterrühren. Das Dressing über die Rucola träufeln.

Kleine Tomatenpizzen mit Ricotta

Zutaten für 8 Personen:
Für den Hefeteig:
400 g Mehl
1 Würfel Hefe
je 1/2 TL Zucker und Salz
100 ml Olivenöl
Für den Belag:
600 g Tomaten
2 Bund Basilikum
300 g fester Ricotta
100 g schwarze Oliven
Pfeffer
8 EL Olivenöl

Arbeitszeit: 1 Std.
Backzeit: 25 Min.
Pro Portion etwa: 455 kcal · 12 g EW · 26 g F · 45 g KH

FÜR DIE GROSSE RUNDE

1 Das Mehl in eine Schüssel sieben. Die Hefe in 1/8 l lauwarmem Wasser verrühren und mit dem Zucker, Salz und Öl zum Mehl geben. Alles mit den Knethaken des Handrührgerätes zu einem glatten Teig verkneten. Den Teig zugedeckt an einem warmen Ort 1 Std. gehen lassen.

2 Stielansätze der Tomaten entfernen. Die Tomaten kurz überbrühen, häuten, halbieren und entkernen. Dann klein würfeln und abtropfen lassen. 1 Bund Basilikum und den Ricotta fein hacken, beides mit den Tomaten vermischen und leicht salzen.

3 Die Oliven entsteinen und dann klein schneiden. Den Backofen auf 200° vorheizen. Ein Backblech fetten.

4 Den Teig auf wenig Mehl zu einer Rolle formen und in 16–18 Scheiben schneiden. Daraus kleine Pizzen ausrollen, dabei die Ränder etwas hochdrücken. Die Pizzen auf das Blech legen. Die Tomatenmischung und Oliven darauf verteilen. Mit Pfeffer würzen und mit dem Olivenöl beträufeln. Die Pizzen im heißen Backofen (Mitte, Umluft 180°) 25 Min. backen. Mit dem übrigen Basilikum garniert servieren.

Spinat-Käse-Taschen

Zutaten für 6 Personen:
6 Scheiben TK-Blätterteig (450 g)
300 g tiefgekühlter Blattspinat
2 große Zwiebeln
2 EL Olivenöl
2 Knoblauchzehen
3 EL saure Sahne
3 TL getrockneter Oregano
Salz
schwarzer Pfeffer
Muskatnuss, frisch gerieben
200 g Schafkäse
1 Eigelb zum Bestreichen

Arbeitszeit: 40 Min.
Backzeit: 15 Min.
Pro Portion etwa: 560 kcal · 11 g EW · 41 g F · 38 g KH

SCHNELL

1 Die Blätterteigscheiben zugedeckt auftauen lassen. Den Spinat antauen lassen.

2 Die Zwiebeln schälen, fein würfeln und im Öl glasig werden lassen. Den Knoblauch dazupressen. Den Spinat dazugeben, unter häufigem Rühren bei schwacher Hitze auftauen lassen, dann einige Minuten offen köcheln lassen.

3 Den Spinat vom Herd nehmen. Saure Sahne und Oregano unterrühren, mit Salz, Pfeffer und Muskat würzen und etwas abkühlen lassen.

4 Den Ofen auf 200° (Umluft 180°) vorheizen. Ein Backblech mit Backpapier auslegen. Jede Teigscheibe quer halbieren und auf wenig Mehl zu einem 12 cm großen Quadrat ausrollen, die Ränder gerade schneiden.

5 Den Schafkäse klein würfeln, unter den Spinat mischen. Jeweils 1 EL Spinatmasse auf die Teigstücke verteilen. Das Eigelb mit 2 EL Wasser verquirlen. Die Teigränder damit bestreichen, die Teigstücke zu Dreiecken zusammenfalten und die Ränder mit einer Gabel festdrücken.

6 Die Teigtaschen auf das Blech setzen, mit dem restlichen Eigelb bestreichen und im heißen Backofen (Mitte) 15 Min. backen.

Lecker zu den Spinat-Käse-Taschen: Bauernsalat

Für 4 Portionen 1 grüne Paprikaschote halbieren, putzen und streifig schneiden. 1 Zwiebel schälen und in Ringe schneiden. ½ Salatgurke und 2 Fleischtomaten klein würfeln. Für das Dressing 2 EL Zitronensaft, je ½ TL Salz und Zucker und 4 EL Öl verrühren. Gemüse und Dressing mischen. 50 g schwarze Oliven und 1 Prise getrockneten Oregano untermischen. 20 Min. ziehen lassen.

Piroggen mit Pilzen und Schweinefleisch

Zutaten für 6 Personen:
Für den Hefeteig:
1/2 Würfel Hefe
100 ml lauwarme Milch
25 g weiche Butter
1/2 TL Salz
1 Ei
300 g Mehl
Für die Füllung:
2 kleine Zwiebeln
250 g Schweineschulter ohne Knochen
150 g Champignons
1 EL Öl
75 g Crème fraîche
Salz
schwarzer Pfeffer
edelsüßes Paprikapulver
1 Eigelb
1 EL Milch

Arbeitszeit: 1 1/2 Std.
Backzeit: 15 Min.
Pro Portion etwa: 400 kcal · 15 g EW · 18 g F · 44 g KH

BRAUCHT ETWAS ZEIT

Getränketipp
Zu diesen herzhaft gefüllten Teigtaschen schmeckt am besten Bier.

1 Die Hefe in eine Tasse bröckeln und mit der Milch glatt rühren. Mit der Butter, dem Salz, dem Ei und dem Mehl zu einem glatten, geschmeidigen Teig verkneten. Zugedeckt an einem warmen Ort 1 Std. gehen lassen.

2 Inzwischen für die Füllung die Zwiebeln schälen und fein würfeln. Das Fleisch in sehr kleine Stücke schneiden. Die Champignons putzen und klein würfeln.

3 Das Öl in einer Pfanne erhitzen, die Zwiebeln darin glasig werden lassen. Das Fleisch dazugeben und rundherum anbraten, die Pilze einrühren. Einige Minuten garen, bis die Feuchtigkeit verdampft ist, dann die Crème fraîche unterrühren. Mit Salz, Pfeffer und Paprika abschmecken und etwas abkühlen lassen.

4 Den Teig auf der bemehlten Arbeitsfläche noch einmal durchkneten und dünn ausrollen. 12 cm große Kreise ausstechen. Die Teigreste erneut durchkneten, wieder ausrollen und ebenfalls Kreise daraus ausstechen.

5 Jeweils etwas Füllung auf die Teigkreise geben. Die Ränder mit etwas Wasser bestreichen, die Teigkreise zu Halbkreisen zusammenfalten. Die Ränder mit einer Gabel fest zusammendrücken.

6 Die Piroggen auf ein mit Backpapier belegtes Blech setzen und bei Zimmertemperatur noch 15 Min. gehen lassen. Den Backofen auf 200° (Umluft 180°) vorheizen.

7 Das Eigelb mit der Milch verquirlen. Die Piroggen damit bepinseln und im heißen Backofen (Mitte) 15 Min. backen.

Tipps

Die Piroggen lassen sich sehr gut in einer größeren Menge zubereiten und portionsweise einfrieren. So haben Sie für Überraschungsgäste immer etwas im Haus. Die gefrorenen Teigtaschen dann im Backofen bei 200° (Umluft 180°) in 10-15 Min. heiß und knusprig werden lassen. Die Taschen dazu auf ein Blech legen und gleich beim Anheizen des Ofens mit hineinschieben. Piroggen werden in ihrer Heimat mit den unterschiedlichsten Füllungen zubereitet, häufig auch mit Resten. Zum Beispiel kann man gekochtes Sauerkraut und Fleischreste mischen und mit Crème fraîche oder saurer Sahne gemischt in den Teig füllen. Weitere Möglichkeiten: Nur Pilze verwenden und die Füllung zusätzlich mit 1 Ei binden. Oder gekochten Lachs klein schneiden, mit gekochtem Reis, Dill und Ei mischen und als Füllung verwenden.
In Russland, wo man ganz ähnliche Pasteten zubereitet, diese aber kleiner formt und manchmal in schwimmendem Fett ausbackt, kennt und liebt man eine Füllung aus Frühlingszwiebeln und Ei oder auch aus zerdrücktem Schafkäse und Joghurt.

Kleine Spinatpizzen mit Ei

Zutaten für 4–6 Personen:

Für den Quark-Öl-Teig:
100 g Magerquark
1/2 TL Salz · 2 EL Olivenöl
1 Ei · 1 Eigelb
200 g Mehl · 1 1/2 TL Backpulver

Für den Belag:
300 g tiefgekühlter, aufgetauter Blattspinat
2 Schalotten
3 Knoblauchzehen
1 EL Butter · 3 EL Olivenöl
Salz · Pfeffer
Muskatnuss, frisch gerieben
125 g Mozzarella
8–12 frische Wachteleier

Arbeitszeit: 50 Min.
Backzeit: 20 Min.
Bei 6 Personen pro Portion etwa:
370 kcal · 17 g EW · 19 g F · 32 g KH

MACHT WAS HER

1 Den Quark in einem Tuch auspressen. Dann mit Salz, Öl, Ei und Eigelb verrühren. Mehl und Backpulver dazusieben, alles zu einem glatten Teig verarbeiten. Zugedeckt 30 Min. kühl stellen.

2 Den aufgetauten Spinat bei schwacher Hitze in einem Topf zusammenfallen lassen. Flüssigkeit ausdrücken, den Spinat fein hacken. Schalotten und Knoblauch schälen und klein würfeln.

3 Die Butter mit 1 EL Öl erhitzen, die Zwiebeln und den Knoblauch darin andünsten. Den Spinat dazugeben, mit Salz, Pfeffer und Muskat würzen. Alles gut vermischen und abkühlen lassen.

4 Mozzarella würfeln. Backofen auf 200° (Umluft 180°) vorheizen. Den Teig auf wenig Mehl durchkneten, in 8–12 Stücke teilen. Daraus kleine Pizzen formen und auf das gefettete Backblech legen, die Ränder etwas hochdrücken. Spinat und Mozzarella auf den Pizzen verteilen. In die Mitte eine Vertiefung drücken, jeweils 1 Wachtelei hineinschlagen. Mit dem restlichen Öl beträufeln. Im Ofen (Mitte) 20 Min. backen.

Salami-Minipizzen

Zutaten für 6–8 Personen:

Für den Hefeteig:
12 g frische Hefe · 300 g Mehl
2 EL Olivenöl · 1 TL Salz

Für die Tomatensauce:
1 Zwiebel
2 Knoblauchzehen
2 EL Olivenöl
1 Packung passierte Tomaten (500 g)
1 1/2 EL Tomatenmark
Salz · schwarzer Pfeffer
1 Prise Zucker

Für den Belag:
150 g grüne paprikagefüllte Oliven
250 g Mozzarella
125 g dünne Salamischeiben

Arbeitszeit: 1 1/4 Std.
Backzeit: 30–40 Min.
Bei 8 Personen pro Portion etwa:
380 kcal · 16 g EW · 18 g F · 39 g KH

FÜR DIE GROSSE RUNDE

1 Die Hefe mit 150 ml lauwarmem Wasser glatt rühren, mit den übrigen Zutaten für den Teig glatt verkneten. Den Teig zu einer Kugel formen und leicht mit Mehl bestäuben, zugedeckt an einem warmen Ort 1 Std. ruhen lassen.

2 Inzwischen für die Tomatensauce die Zwiebel und den Knoblauch schälen und fein würfeln. Das Öl in einem Topf erhitzen, die Zwiebel und den Knoblauch darin glasig werden lassen. Die passierten Tomaten und das Tomatenmark einrühren, mit Salz, Pfeffer und Zucker würzen. Die Sauce offen bei mittlerer Hitze leicht dicklich einkochen lassen.

3 Den Backofen auf 250° (Umluft 220°) vorheizen. Ein Backblech fetten. Die Oliven halbieren, den Mozzarella in sehr dünne Scheiben schneiden. Den Teig in 18 Portionen teilen.

4 Nach und nach die Hefekugeln auf wenig Mehl zu kleinen Kreisen von 10–12 cm Durchmesser ausrollen und auf das gefettete Backblech legen.

5 Die Pizzen mit Tomatensauce bestreichen und mit Salami, Oliven und Mozzarella belegen. Die Pizzen in 3 bis 4 Portionen im heißen Backofen (unten) jeweils 10 Min. backen.

Lecker zu den Salami-Minipizzen: Kopfsalat italienisch

Für 4 Portionen 1 Kopfsalat putzen, die Blätter etwas kleiner zupfen und waschen. Für das Dressing 2 kleine Schalotten schälen und mit 2 EL Basilikumblättchen fein hacken. 3 EL trockenen Weißwein, 1 EL Weißweinessig und je 1 Msp. Salz und Pfeffer verrühren. Mit den Schalotten und dem Basilikum unter 5 EL Olivenöl schlagen. Das Dressing mit Salz und Pfeffer abschmecken und über den Salat träufeln.

Miniquiches mit Meeresfrüchten

Zutaten für 4–6 Personen:
Für den Mürbeteig:
250 g Mehl
1 Ei · Salz
125 g Butter
Für den Belag:
500 g gemischte küchenfertige, ungegarte Meeresfrüchte (Tintenfisch, Muschelfleisch, Garnelen; ersatzweise tiefgekühlt)
3 EL Zitronensaft
Salz . Pfeffer
2 Knoblauchzehen
1 Bund Petersilie
100 g Sahne
100 g Crème fraîche
3 Eier
Muskatnuss, frisch gerieben
Cayennepfeffer
Und: 10–12 kleine Förmchen von 10 cm ø

Arbeitszeit: 1 Std.
Backzeit: 40 Min.
Bei 6 Personen pro Portion etwa:
530 kcal · 21 g EW · 33 g F · 37 g KH

FRISCH AM BESTEN

Getränketipp

Servieren Sie zu diesen feinen Miniquiches einen leichten Weißwein, z. B. einen Trebbiano oder einen Pitigliano.

1 Für den Mürbeteig das Mehl auf die Arbeitsfläche sieben und in die Mitte eine Mulde drücken. Das Ei und 2 Prisen Salz hineingeben. Die Butter in kleinen Flöckchen auf dem Rand verteilen und alles mit einem großen Messer bröselig hacken. Alle Zutaten zu einem glatten Teig verkneten. Den Teig zu einer Kugel formen, in Klarsichtfolie schlagen und 30 Min. kühl stellen.

2 Inzwischen die Meeresfrüchte kalt abspülen und abtropfen lassen (tiefgekühlte Meeresfrüchte nach Packungsanweisung auftauen lassen). In einer Schüssel mit dem Zitronensaft mischen und mit Salz und Pfeffer würzen.

3 Den Knoblauch schälen und zu den Meeresfrüchten pressen. Die Petersilie waschen, die Blättchen klein schneiden und ebenfalls untermischen. Alles zugedeckt etwa 20 Min. ziehen lassen.

4 Den Backofen auf 200° vorheizen. Für den Guss die Sahne mit der Crème fraîche und den Eiern verquirlen. Mit Muskat, Cayennepfeffer, Pfeffer und etwas Salz pikant abschmecken.

5 Den Teig auf wenig Mehl nochmals durchkneten und dünn ausrollen. Die Förmchen damit auskleiden, überstehenden Teig abschneiden und die Teigböden mehrmals mit einer Gabel einstechen. Die Meeresfrüchte in den Förmchen verteilen und mit der Sahnemischung begießen.

6 Die Quiches im Ofen (Mitte, Umluft 180°) in 40 Min. goldbraun backen. Vor dem Servieren 10 Min. ruhen lassen.

Tipps

Im Falle eines großen Gästeessens können Sie diese Miniquiches schon Tage vorher vorbereiten: Die mit Teig ausgelegten Förmchen kann man nämlich prima einfrieren!
Sollte Ihnen das Auslegen der Förmchen zu mühsam sein, backen Sie die Quiche einfach in einer großen Form.

Minipizzen mit Tunfisch-Tapenade

Zutaten für 6 Personen:

Für den Hefeteig:
1 Würfel Hefe
400 g Mehl
1 Prise Zucker
Salz
100 ml Olivenöl

Für den Belag:
6 Sardellenfilets
2 Knoblauchzehen
2 EL Kapern
1 Bund Petersilie
50 g schwarze Oliven
200 g Tunfisch im eigenen Saft (aus der Dose)
2 EL Olivenöl
Pfeffer · Cayennepfeffer
1 EL Zitronensaft

Zum Garnieren:
1 unbehandelte Zitrone
10 Kirschtomaten

Arbeitszeit: 1 $\frac{1}{4}$ Std.
Backzeit: 25 Min.
Pro Portion etwa: 495 kcal · 20 g EW · 21 g F · 58 g KH

FÜR DIE GROSSE RUNDE

Getränketipp

Diese Minipizzen schmecken mit einem Gläschen Prosecco oder auch Champagner besonders köstlich.

1 Die Hefe zerbröckeln und in $\frac{1}{8}$ l lauwarmem Wasser auflösen. Das Mehl, den Zucker, 2 Prisen Salz und das Öl zu der Hefe in die Schüssel geben. Mit den Knethaken des Handrührgerätes alle Zutaten zu einem glatten Teig verkneten. 1 Std. an einem warmen Ort zugedeckt gehen lassen.

2 Inzwischen die Sardellenfilets abspülen, trockentupfen und fein hacken. Den Knoblauch schälen und dazupressen. Die Kapern fein hacken. Die Petersilie waschen, die Blättchen hacken (einige Stängel für die Garnitur aufheben). Die Oliven entsteinen und ebenfalls sehr fein schneiden.

3 Den Tunfisch abtropfen lassen und mit einer Gabel zerpflücken. Mit dem Öl und den übrigen Zutaten zu einer glatten Masse verrühren. Mit Pfeffer, Cayennepfeffer und Zitronensaft pikant abschmecken. Den Backofen auf 200° vorheizen.

4 Das Blech leicht einölen oder mit Backpapier belegen. Auf einer bemehlten Arbeitsfläche den Teig nochmals durchkneten, zu einer Rolle formen und in 18–20 Scheiben schneiden. Daraus kleine Pizzen formen, dabei die Ränder etwas hochdrücken. Den Teig auf das Blech legen und nochmals 10 Min. gehen lassen.

5 Die Tapenade auf den Pizzen verteilen. Die Pizzen im Ofen (Mitte, Umluft 180°) 25 Min. backen.

6 Vor dem Servieren die Zitrone waschen und zuerst in Scheiben, dann in kleine Stücke schneiden. Oder die Zitrone schälen und in dünne Scheiben schneiden. Jede Minipizza mit Zitronenstücken, $\frac{1}{2}$ Kirschtomate und den Petersilienblättchen garnieren.

Tipps

Reichen Sie diese köstlichen Minipizzen einmal mit einem kleinen Salat als Vorspeise für eine größere Runde. Gut passt beispielsweise der Kopfsalat italienisch von Seite 17. Sie können auch ganz einfach die doppelte Menge an Pizzen zubereiten und noch mehr Gäste bewirten. Den Teig schon morgens kneten und bis zum Abend zugedeckt im Kühlschrank gehen lassen. Die Tunfisch-Tapenade können Sie sogar schon am Vortag fertig stellen und im Kühlschrank bereit halten. Dann die Pizzen nur noch formen, belegen und backen.
Statt mit Kirschtomaten können Sie die Minipizzen auch mit schwarzen Oliven und etwas blühendem Thymian garnieren.

Kräuter-Frischkäse-Quiche

Zutaten für 4 Personen:
5 Scheiben TK-Blätterteig (300 g)
je 1 Bund Basilikum, Petersilie, Dill
10 Sauerampferblätter
3 Eier
400 g Doppelrahm-Frischkäse
1 EL Zitronensaft
Salz · weißer Pfeffer
edelsüßes Paprikapulver
Und: 1 feuerfeste Form von 28 cm ø

Arbeitszeit: 40 Min.
Backzeit: 30 Min.
Pro Portion etwa: 785 kcal ·
19 g EW · 61 g F · 42 g KH

S CHMECKT AUCH KALT

1 Die Blätterteigscheiben nebeneinander legen und zugedeckt auftauen lassen.

2 Inzwischen die Kräuter waschen, die Blättchen fein hacken. Die Eier trennen. Die Eiweiße steif schlagen. Frischkäse, Zitronensaft und Eigelbe gut verrühren. Die Kräuter und das geschlagene Eiweiß unterheben. Mit Salz, Pfeffer und Paprika abschmecken.

3 Den Backofen auf 175° vorheizen. Die Form kalt ausspülen, aber nicht abtrocknen.

4 Den Teig leicht überlappend auf der bemehlten Arbeitsfläche rund ausrollen und die Form damit auskleiden. Die Kräuter-Käsemasse darauf verteilen. Die Quiche im heißen Ofen (Mitte, Umluft 160°) 30 Min. backen.

Gemüsehits

Kohlrabitarte mit Parmesan und Mandeln

Zutaten für 4–6 Personen:

Für den Quarkteig:
150 g Mehl
150 g Butter
150 g Magerquark
Salz · Pfeffer

Für den Belag:
1 kg Kohlrabi · Salz
100 g Magerquark
150 g Crème fraîche
2 Eier
80 g Parmesan, frisch gerieben
1 Bund Schnittlauch
Pfeffer
2 EL gehackte Mandeln
Und: 1 feuerfeste Form von 26 cm ø

Arbeitszeit: 50 Min.
Backzeit: 40 Min.
Bei 6 Personen pro Portion etwa:
535 kcal · 17 g EW · 41 g F · 28 g KH

SCHMECKT AUCH KALT

1 Das Mehl in eine Schüssel füllen. Butter in Flöckchen und den Quark dazugeben. Mit Salz und Pfeffer würzen, mit den Knethaken des Handrührgeräts zu einem geschmeidigen Teig verarbeiten. Zugedeckt 30 Min. kühl stellen.

2 Von den Kohlrabi die zarten Blättchen abschneiden und beiseite legen. Die Kohlrabi schälen, in dünne Scheiben hobeln. In kochendem Salzwasser 5 Min. blanchieren und in einem Sieb sehr gut abtropfen lassen.

3 Quark, Crème fraîche, Eier und Parmesan verrühren. Den Schnittlauch waschen, in feine Röllchen schneiden. Die Kohlrabiblättchen (bis auf einige zum Garnieren) waschen und fein hacken. Mit dem Schnittlauch zum Quark geben und gut verrühren. Mit Salz und Pfeffer kräftig würzen.

4 Den Backofen auf 200° vorheizen. Die Form fetten. Den Teig auf wenig Mehl ausrollen, in die Form legen und mit den Daumen einen Rand von 3 cm hochdrücken. Die Kohlrabischeiben dachziegelartig auf den Teigboden legen. Die Quarkmischung darauf gießen.

5 Die Mandeln auf die Tarte streuen. Die Tarte im Backofen (Mitte, Umluft 180°) 40 Min. backen. Mit den übrigen Kohlrabiblättchen garniert servieren.

Quarkquiche mit Kirschtomaten

Zutaten für 4–6 Personen:

Für den Mürbeteig:
350 g Mehl · 1 Ei · 1 Eigelb
Salz · 3 EL Milch · 150 g Butter

Für den Belag:
600 g Magerquark
150 g Sahne · 3 Eier
1 EL Zitronensaft
Pfeffer · Cayennepfeffer · Salz
3 Knoblauchzehen
180–200 g Kirschtomaten
je 1/2 Bund Schnittlauch, Petersilie, Kerbel und etwas Basilikum
Pergamentpapier und Hülsenfrüchte zum Blindbacken
Und: 1 feuerfeste Form von 26 cm ø

Arbeitszeit: 55 Min.
Backzeit: 1 Std. 10 Min.
Bei 6 Personen pro Portion etwa:
635 kcal · 23 g EW · 37 g F · 57 g KH

PREISWERT

1 Das Mehl auf eine Arbeitsfläche sieben, in die Mitte eine Mulde drücken. Ei, Eigelb, 1 kräftige Prise Salz und die Milch hineingeben. Die Butter in Flöckchen auf dem Rand verteilen. Alles mit einem Messer bröselig hacken, dann zu einem glatten Teig verkneten und auf wenig Mehl ausrollen. Den Teig in die Form legen, dabei einen Rand von 3 cm hochziehen. 45 Min. kühl stellen.

2 Inzwischen Quark, Sahne und Eier verrühren. Mit Zitronensaft, Pfeffer, Cayennepfeffer und Salz abschmecken. Den Knoblauch schälen und dazudrücken.

3 Kirschtomaten und Kräuter abspülen, die Kräuter (ohne Basilikum) fein hacken und unter den Quark mischen. Den Backofen auf 200° (Umluft 180°) vorheizen.

4 Den Teigboden mit einer Gabel mehrmals einstechen, mit Pergament und Hülsenfrüchten belegen und im heißen Backofen (Mitte) 10 Min. blind backen. Danach die Quarkmasse auf dem Teig verstreichen. Die Kirschtomaten kreisförmig leicht in den Quark drücken. Die Quiche 1 Std. backen, dann 15 Min. ruhen lassen und mit Basilikumblättchen garniert servieren.

Lecker zur Quarkquiche mit Kirschtomaten: Grüner Bohnensalat

Für 4 Portionen 500 g grüne Bohnen waschen, putzen und mit 2 Zweigen Bohnenkraut in kochendem Salzwasser 10 Min. garen. Abgießen und abtropfen lassen. 200 g Mozzarella klein würfeln. 6 Sardellenfilets (aus dem Glas) fein hacken und mit 3 EL Aceto balsamico, je 2 Prisen Salz und schwarzem Pfeffer und 5 EL Olivenöl zu einer glatten Sauce verrühren. Die abgekühlten Bohnen und Mozzarellawürfel in eine Schüssel geben und mit der Sauce übergießen. Alles gründlich mischen.

GEMÜSEHITS

Knuspriger Spinatkuchen

Zutaten für 6–8 Personen:

Für den Teig:
500 g Mehl
$^1/_2$ TL Salz
2 EL Olivenöl

Für die Füllung:
300 g tiefgekühlter Blattspinat
Salz
schwarzer Pfeffer
1 EL frisch gehackter Majoran
4 Scheiben Toastbrot
100 ml Milch
8 Eier
100 g Parmesan, frisch gerieben
500 g Quark
1 Eigelb zum Bestreichen
Und: 1 Springform von 28 cm ø

Arbeitszeit: 1 $^3/_4$ Std.
Backzeit: 1 $^1/_2$ Std.
Bei 8 Personen pro Portion etwa:
510 kcal · 28g EW · 18 g F · 61 g KH

BRAUCHT ETWAS ZEIT

Getränketipp

Dazu schmeckt ein kräftiger Rotwein, z. B. ein Rosso di Montalcino.

1 Das Mehl auf die Arbeitsfläche geben, in der Mitte eine Vertiefung eindrücken. Salz und Öl in diese Mulde geben. 300 ml Wasser dazugeben und alles zu einem geschmeidigen Teig verkneten. Den Teig mindestens 5 Min. lang kräftig durchkneten.

2 Den Teig in 7 Stücke teilen. Jedes Teigstück zu einem kleinen Bällchen formen und die Bällchen auf einem Brett mit einem Tuch bedeckt 1 Std. an einem warmen Ort ruhen lassen.

3 Inzwischen den Spinat in einem Topf bei schwacher Hitze unter gelegentlichem Wenden auftauen lassen. Dann gut abtropfen lassen und hacken, mit Salz, Pfeffer und Majoran würzen. Das Brot klein würfeln, in einer Schüssel mit der Milch beträufeln. 2 Eier verquirlen, mit 50 g Käse, dem Quark, den Brotwürfeln und dem Spinat vermengen.

4 Die Springform fetten. Jedes Teigstück auf wenig Mehl zu einem sehr dünnen runden, etwa 40 cm großen Fladen ausrollen.

5 Den Backofen auf 175° vorheizen. Einen Fladen in die Springform legen, den Rand etwas überhängen lassen. Den Teigboden dünn mit Öl bepinseln. Weitere 4 Teigfladen in die Form legen und jeweils mit Öl bestreichen.

6 Die Spinatmischung abschmecken und in die Form geben. 6 Mulden hineindrücken, diese jeweils mit 1 aufgeschlagenen rohen Ei füllen. Den restlichen Käse darüber streuen.

7 Die beiden übrigen Teigstücke zu Fladen ausrollen, mit Öl bestreichen, aufeinanderlegen und auf die Spinatfüllung legen. Die überstehenden Teigenden am Rand zu einer dicken Wulst zusammenrollen. Die Oberfläche mit einer Gabel einstechen und mit Eigelb bestreichen.

8 Den Spinatkuchen im Ofen (auf einem Rost auf dem Boden, Umluft 160°) 1 $^1/_2$ Std. backen. Den Spinatkuchen lauwarm abkühlen lassen, dann erst den Ring der Springform ablösen.

Tipp

Quiches und alle anderen pikanten Kuchen schmecken besonders gut, wenn der Teig so richtig schön knusprig ist und nicht weich und klebrig. Deshalb wird der Teig in vielen Fällen vorgebacken und dann erst mit dem saftigen Belag bedeckt. Bei manchen Kuchen ist das aber nicht möglich, weil z. B. mehrere Schichten eingefüllt werden, wie auch beim Spinatkuchen. Da hilft man sich anders: Je weiter unten ein Kuchen im Ofen gebacken wird, desto knuspriger wird der Teigboden. Darum wird der Spinatkuchen auf dem Rost auf dem Boden des Backofens gebacken.

Artischockenpizza

Zutaten für 4 Personen:
Für den Quark-Öl-Teig:
150 g Magerquark · 6 EL Öl
250 g Mehl
1 TL Backpulver · Salz
Für den Belag:
800 g Tomaten
2 Knoblauchzehen · 4 EL Olivenöl
1 TL getrockneter Oregano
80 g schwarze Oliven
je 1 kleine rote und gelbe Paprikaschote
8 Artischockenherzen (aus dem Glas)
Salz · schwarzer Pfeffer
50 g Pecorino, frisch gerieben

Arbeitszeit: 50 Min.
Backzeit: 20–25 Min.
Pro Portion etwa: 660 kcal · 24 g EW · 29 g F · 82 g KH

GELINGT LEICHT

1 Den Quark in einem Tuch auspressen. Dann mit 6–8 EL Wasser und dem Öl gut verrühren. Mehl, Backpulver und 1 Prise Salz vermischen, mit der Quarkmasse zu einem glatten Teig verkneten. Zugedeckt 30 Min. kühl stellen.

2 Inzwischen die Stielansätze der Tomaten entfernen. Die Tomaten überbrühen, häuten und vierteln, dann entkernen und würfeln.

3 Den Knoblauch schälen und fein hacken und in 2 EL Öl glasig dünsten. Die Tomaten und den Oregano hinzufügen und die Sauce bei mittlerer Hitze etwa 2 Min. köcheln lassen.

4 Die Oliven entsteinen. Paprikaschoten waschen, putzen und klein würfeln. Artischocken abtropfen lassen und vierteln. Alles mit dem restlichen Öl vermischen, salzen und pfeffern.

5 Den Backofen auf 220° vorheizen. Das Backblech fetten. Den Teig auf wenig Mehl oval ausrollen, auf das Blech legen. Dabei den Rand etwas dicker formen.

6 Die Tomatensauce auf den Teig geben. Paprika, Oliven und Artischocken darauf verteilen. Mit dem Pecorino bestreuen. Die Pizza im Backofen (Mitte, Umluft 200°) 20–25 Min. backen.

Spargelkuchen

Zutaten für 4 Personen:
Für den Mürbeteig:
240 g Mehl
120 g kalte Butter
1 Ei . 1 Eigelb
½ TL Salz
Für den Belag:
400 g zarter weißer Spargel
Salz · 1 EL Butter
1 TL Zucker
3 Eier · 200 ml Milch
3 EL frisch gehackte Petersilie
weißer Pfeffer
30 g Pinienkerne
Und: 1 feuerfeste Form von 26 cm ø

Arbeitszeit: 1 ½ Std.
Backzeit: 35–40 Min.
Pro Portion etwa: 615 kcal · 27 g EW · 38 g F · 67 g KH

BRAUCHT ETWAS ZEIT

1 Die Zutaten für den Teig mit 2–3 EL eiskaltem Wasser verkneten, zugedeckt 1 Std. kühl stellen.

2 Den Spargel waschen, putzen und schälen, in 10 cm lange Stücke schneiden. Etwas Wasser mit Salz, Butter und Zucker aufkochen lassen, den Spargel darin zugedeckt in 8–10 Min. gerade eben gar dünsten. Nicht zu weich werden lassen! Den Spargel sehr gut abtropfen lassen.

3 Den Backofen auf 200° (Umluft 180°) vorheizen. Den Teig auf wenig Mehl rund ausrollen, die Form damit auskleiden. Überstehenden Teig abschneiden. Den Teigboden mit einer Gabel mehrmals einstechen und den Rand mit einem Streifen Alufolie an der Form befestigen, damit er nicht abrutscht (siehe Tipp). Den Teig im heißen Backofen (Mitte) 10 Min. vorbacken. Die Folie entfernen.

4 Eier, Milch, Petersilie, Salz und Pfeffer verquirlen, auf den Teig gießen. Spargelstangen sternförmig darauf geben, mit Pinienkernen bestreuen und im Ofen noch 25–30 Min. backen.

> **Tipp**
> Legen Sie einen breiten Streifen Alufolie außen so an den Rand der Form, dass er 5 cm übersteht. Diese Folie dann nach innen klappen und an den Teig drücken. So kann er beim Vorbacken nicht abrutschen.

Lecker zum Spargelkuchen: Lachssauce

Für 4 Portionen 2 Schalotten fein hacken und in 1 EL Butter weich dünsten. 375 g Sahne dazugießen und offen um etwa ein Drittel einkochen. Mit Salz, Pfeffer und Zitronensaft abschmecken. 400 g frisches Lachsfilet enthäuten, klein würfeln und in die Sauce geben. Die Sauce mit dem Pürierstab durchpürieren.

GEMÜSEHITS

Tomaten-Rucola-Pizza

Zutaten für 4 Personen:
Für den Quark-Öl-Teig:
125 g Quark · 4 EL Milch · 1 Ei
4 EL Öl · 1 TL Salz
220 g Mehl · 1 TL Backpulver
30 g Parmesan, frisch gerieben
Für den Belag:
je 1 Bund Petersilie und Basilikum
400 g Rucola
200 g Kirschtomaten
2 Knoblauchzehen · 6 EL Olivenöl
70 g Parmesan, frisch gerieben
Salz · schwarzer Pfeffer
Basilikumblättchen zum Garnieren
Und: 1 rundes Blech von 32 cm ø

Arbeitszeit: 40 Min.
Backzeit: 35–40 Min.
Pro Portion etwa: 560 kcal ·
25 g EW · 32 g F · 53 g KH

MACHT WAS HER

1 Den Quark in einem Tuch auspressen. Dann mit Milch, Ei, Öl und Salz kräftig verrühren. Die Hälfte des Mehls mit dem Backpulver und dem Parmesan unterrühren. Restliches Mehl unterkneten. Den Teig zugedeckt 30 Min. kühl stellen.

2 Die Kräuter und Rucola abbrausen und getrennt fein hacken. Die Tomaten waschen und halbieren. Knoblauchzehen schälen und durchdrücken. Mit 4 EL Öl und dem Parmesan zu einer Paste vermischen. Die Rucola im restlichen Öl 5 Min. dünsten, die Kräuter hinzufügen und alles weitere 4 Min. garen. Salzen und pfeffern.

3 Den Backofen auf 175° (Umluft 155°) vorheizen. Das Blech einfetten. Den Teig auf wenig Mehl rund ausrollen, dabei einen 1 cm hohen Rand formen. Den Teig in die Form geben, mit Backpapier belegen und im heißen Backofen 20 Min. vorbacken.

4 Die Form aus dem Ofen nehmen, Backpapier entfernen. Den Teig mit der Kräutermischung und den Tomaten belegen. Die Parmesanpaste darüber geben.

5 Die Pizza im Backofen (unten, Umluft 160°) in 15–20 Min. fertig backen. Mit Basilikum garniert servieren.

Paprikaquiche mit Roquefort

Zutaten für 4 Personen:
Für den Mürbeteig:
350 g Mehl
1 Ei · 1 Eigelb
Salz · 3 EL Milch
150 g Butter
Für den Belag:
500 g Fleischtomaten
je 2 rote und gelbe Paprikaschoten
1 EL Olivenöl
1 Knoblauchzehe
Salz · Pfeffer
1 TL getrocknete Kräuter der Provence
1 TL rosenscharfes Paprikapulver
150 g Roquefort
250 g Crème fraîche
Und: 1 feuerfeste Form von 26 cm ø

Arbeitszeit: 50 Min.
Backzeit: 40 Min.
Pro Portion etwa: 1055 kcal ·
24 g EW · 75 g F · 71 g KH

SCHMECKT AUCH KALT

1 Das Mehl auf eine Arbeitsfläche sieben, in die Mitte eine Mulde drücken. Ei, Eigelb, 1 Prise Salz und die Milch hineingeben. Die Butter in Flöckchen auf dem Rand verteilen. Alles mit einem Messer durchhacken, dann zu einem glatten Teig verkneten und auf wenig Mehl rund ausrollen. Den Teig in die Form legen, dabei einen Rand von 3 cm hochziehen. 30 Min. kühl stellen.

2 Die Stielansätze der Tomaten entfernen. Die Tomaten kurz überbrühen, häuten, entkernen und grob zerschneiden. Die Paprikaschoten waschen, halbieren, putzen und streifig schneiden.

3 Die Paprikastreifen im Öl bei mittlerer Hitze 5 Min. dünsten. Den Knoblauch schälen und dazupressen. Mit Salz, Pfeffer, Kräutern und Paprikapulver würzen. Die Tomaten unterheben und alles weitere 5 Min. dünsten.

4 Den Backofen auf 200° vorheizen. Das Paprika-Tomaten-Gemüse gleichmäßig auf dem Teigboden verteilen.

5 Den Roquefort mit einer Gabel zerdrücken, die Crème fraîche untermischen und die Creme auf dem Gemüse verteilen. Die Quiche im Backofen (Mitte, Umluft 180°) 40 Min. backen.

Lecker zur Paprikaquiche mit Roquefort: Eichblattsalat mit Maisdressing

Für 4 Portionen 1 Eichblattsalat putzen, die Blätter etwas kleiner zupfen und waschen. Für das Dressing 1 frische rote Chilischote halbieren, entkernen und hacken. 1 Dose Mais (400 g) abtropfen lassen und pürieren. Mit der Chilischote und 100 g saurer Sahne verrühren. Mit Salz und Pfeffer abschmecken, über den Salat träufeln.

Sommerliche Gemüsequiche

Zutaten für 4 Personen:

Für den Quark-Öl-Teig:

125 g Speisequark
4 EL Milch
1 Ei
4 EL Sonnenblumenöl
1 TL Salz
250 g Mehl
1 Päckchen Backpulver

Für den Belag:

150 g Zuckerschoten
250 g grüner Spargel
250 g junge Möhren
1 Bund Frühlingszwiebeln
3 EL Olivenöl
1 kleiner Zweig frischer Rosmarin
Salz · 1 Prise Zucker
150 g Mascarpone
1 EL Zitronensaft
2 Eier
Salz · weißer Pfeffer
Und: 1 feuerfeste Form von 30 cm ø

Arbeitszeit: 50 Min.
Backzeit: 35 Min.
Pro Portion etwa: 490 kcal ·
23 g EW · 38 g F · 18 g KH

SCHMECKT AUCH KALT

Getränketipp

Dazu passt Mineralwasser oder ein leichter trockener Weißwein, z. B. ein Galestro.

1 Den Quark in ein Tuch geben und auspressen. Dann mit Milch, Ei, Öl und Salz verrühren. Mehl und Backpulver mischen. Die Hälfte des Mehls nach und nach unter die Quarkmasse rühren. Das restliche Mehl unterkneten. Den Teig mit einem Tuch bedecken und im Kühlschrank 30 Min. ruhen lassen.

2 Inzwischen die Zuckerschoten waschen, wenn nötig, entfädeln und halbieren. Den Spargel am unteren Ende schälen. Holzige Enden abschneiden. Spargel in 5 cm große Stücke schneiden.

3 Die Möhren waschen, schälen und in 1 cm lange, leicht schräge Scheiben schneiden. Frühlingszwiebeln putzen, waschen und mit dem hellen Grün in Streifen schneiden.

4 Das Olivenöl in einem breiten Topf erhitzen. Das Gemüse darin unter Rühren andünsten. Den Rosmarinzweig dazugeben und alles bei mittlerer Hitze zugedeckt 10 Min. dünsten. Mit Salz und dem Zucker abschmecken.

5 Den Ofen auf 200° vorheizen. Die Form fetten. Für die Creme den Mascarpone, Zitronensaft und die Eier verrühren. Mit Salz und Pfeffer abschmecken.

6 Den Teig auf wenig Mehl rund ausrollen, in die Form geben, dabei den Rand etwas dicker formen. Das Gemüse darauf verteilen. Den Rosmarinzweig entfernen. Die Sauce darüber gießen. Die Quiche im Ofen (unten, Umluft 175°) 35 Min. backen.

Variante

Im Sommer ist das Gemüseangebot besonders groß, deshalb können Sie diese Quiche mit vielen unterschiedlichen Sorten zubereiten. Außer Zuckerschoten, Spargel und Möhren schmecken grüne Bohnen, zarter Lauch und Paprikaschoten, junger Wirsing oder Spitzkohl, Lauch und Spinat. Grüne Bohnen müssen Sie etwa 6–8 Min. in reichlich kochendem Salzwasser blanchieren, Wirsing, Spitzkohl und Spinat ebenfalls, aber nur so lange, bis sie zusammenfallen (Spinat) bzw. geschmeidig werden.

Tipp

Wundern Sie sich nicht, dass bei allen pikanten Kuchen mit Quark-Öl-Teig der Quark erst einmal ausgepresst wird, um dann doch wieder mit Flüssigkeit vermischt zu werden. Das hat zwei Gründe: Zum einen wird er meist mit Milch zubereitet und zum anderen kann man auf diese Art die Flüssigkeitsmenge besser dosieren, denn Quark ist unterschiedlich fest.

Zucchiniquiche mit Kräutersauce

Zutaten für 4 Personen:
Für die Quiche:
800 g junge Zucchini
1 große Zwiebel
4 Knoblauchzehen
5 Scheiben TK-Blätterteig (300 g)
4 EL Olivenöl
1/2 TL getrockneter Oregano
schwarzer Pfeffer · Salz
1/8 l Milch . 4 Eier
100 g Greyerzer, frisch gerieben
Muskatnuss, frisch gerieben
Cayennepfeffer
Für die Sauce:
1 Bund gemischte Kräuter (Basilikum, Dill, Petersilie, Schnittlauch)
200 g Joghurt
1 TL Zitronensaft
1 Prise Zucker
Pfeffer · Salz · Cayennepfeffer
1 Knoblauchzehe
Und: 1 feuerfeste Form von 28 cm ø

Arbeitszeit: 35 Min.
Backzeit: 45 Min.
Pro Portion etwa: 735 kcal ·
24 g EW · 51 g F · 47 g KH

PREISWERT

1 Die Zucchini waschen, putzen und in dünne Scheiben schneiden. Die Zwiebel und den Knoblauch schälen und in kleine Würfel schneiden. Die Blätterteigscheiben auftauen lassen.

2 Das Öl erhitzen, die Zwiebel und den Knoblauch darin andünsten, dann mit einem Schaumlöffel aus der Pfanne nehmen. In dem verbliebenen Bratfett die Zucchinischeiben anbraten und mit Oregano, Pfeffer und etwas Salz würzen.

3 Für den Guss die Milch mit den Eiern und dem Käse verquirlen. Mit Muskat, Cayennepfeffer und etwas Salz würzen.

4 Den Backofen auf 200° vorheizen. Die Form kalt ausspülen, nicht abtrocknen. Den Blätterteig auf wenig Mehl so nebeneinander legen, dass die Ränder leicht überlappen. Den Teig in Formgröße ausrollen, in die Form legen und einen Rand von 3 cm hochziehen. Den Teig mit einer Gabel mehrmals einstechen.

5 Die Zucchini mit der Zwiebel und dem Knoblauch auf dem Teig verteilen. Dann den Guss darüber gießen. Die Quiche im Ofen (Mitte, Umluft 180°) 45 Min. backen.

6 Für die Joghurtsauce die Kräuter abspülen, die Blättchen fein hacken. Den Joghurt mit Zitronensaft, Zucker, Pfeffer, Salz und 1 Prise Cayennepfeffer abschmecken. Den Knoblauch schälen und dazupressen. Die Kräuter untermischen und die Sauce zur Quiche servieren.

Tipp

Statt der Kräutersauce können Sie zu dieser Quiche auch einmal eine kalte Tomatensauce mit saurer Sahne reichen. Für 4 Portionen 1 Zwiebel schälen, fein hacken und in 1 EL Olivenöl andünsten. 3 Knoblauchzehen schälen und dazupressen. 1 Packung passierte Tomaten (250 g) dazugeben. Mit Salz, Pfeffer, je 1 TL getrocknetem Oregano und Thymian und 1 Msp. Cayennepfeffer würzen, 5 Min. köcheln, dann abkühlen lassen. 200 g saure Sahne unter die kalte Sauce rühren und abschmecken. 1 Bund Basilikum waschen. Die Blättchen abzupfen, grob hacken und unter die Sauce mischen.

Getränketipp

Zu dieser sommerlichen Zucchiniquiche passt ein milder Weißwein ideal, z. B. ein Pinot Bianco.

Mangoldquiche mit Pinienkernen

Zutaten für 4 Personen:
Für den Mürbeteig:
250 g Dinkel-Vollkornmehl
1 Ei
Salz
150 g Butter
Für den Belag:
750 g Mangold
2 Frühlingszwiebeln
3 Salbeiblätter
2 EL Sonnenblumenöl
Salz
Muskatnuss, frisch gerieben
200 g weicher Ricotta
100 g Sahne
2 Eier
40 g Pinienkerne
50 g Provolone, frisch gerieben
Salbeiblätter und -blüten
zum Garnieren (nach Belieben)
Und: 1 feuerfeste Form von 30 cm ø

Arbeitszeit: 1 Std.
Backzeit: 40 Min.
Pro Portion etwa: 775 kcal · 31 g EW · 62 g F · 53 g KH

SCHMECKT AUCH KALT

Getränketipp

Ein Weißwein, etwa ein trockener Frankenwein oder auch ein Chardonnay, passt zu dieser Quiche ganz ausgezeichnet.

1 Das Mehl auf die Arbeitsfläche sieben, in die Mitte eine Mulde drücken. Das Ei mit 1 kräftigen Prise Salz hineingeben, die Butter in Flöckchen auf dem Rand verteilen. Alles mit einem großen Messer durchhacken, dann rasch zu einem glatten Teig verkneten. Zugedeckt 30 Min. kühl stellen.

2 Inzwischen den Mangold gründlich waschen. Die Blätter in Streifen schneiden, die Stiele würfeln. Die Frühlingszwiebeln putzen, gründlich waschen, längs halbieren und in Streifen schneiden. Die Salbeiblätter waschen und grob hacken.

3 Das Öl in einem breiten Topf erhitzen. Frühlingszwiebeln, Salbei und die gewürfelten Mangoldstiele darin unter Rühren andünsten. Die Mangoldstreifen dazugeben, zusammenfallen lassen. Mit Salz und Muskat würzen.

4 Den Backofen auf 200° vorheizen. Den Teig auf auf der bemehlten Arbeitsfläche rund ausrollen und die Form damit auskleiden.

5 Den Ricotta mit der Sahne und den Eiern verrühren. Mit Salz und Muskat würzen. Den vorbereiteten Mangold in die Form geben. Die Käsemasse darüber verteilen.

6 Die Quiche im heißen Backofen (Mitte, Umluft 175°) 25 Min. backen. Die Pinienkerne und den Provolone darauf verteilen und weitere 15 Min. backen. Die Quiche nach Belieben mit Salbeiblättchen und -blüten garnieren.

Tipps

Natürlich können Sie den Mürbeteig statt mit Dinkel-Vollkornmehl auch mit Weizenmehl (Type 405) zubereiten. Dann aber sollten Sie die Fettmenge reduzieren und statt 150 g nur 125 g Butter verwenden.
Sollten Sie keinen Mangold bekommen, ersetzen Sie ihn durch 800 g frischen oder 600 g tiefgekühlten Blattspinat.

GEMÜSEHITS

Olivenkuchen

Zutaten für 4–6 Personen:
Für den Hefeteig:
30 g frische Hefe
$^1/_2$ TL Zucker
1 TL Salz
240 g Weizenmehl (Type 405)
100 g Roggen-Vollkornmehl
75 ml Olivenöl
Für den Belag:
je 2 kleine gelbe und rote Paprikaschoten
3 große Fleischtomaten
250 g Mozzarella
125 g grüne paprikagefüllte Oliven
Salz
schwarzer Pfeffer
3 TL getrockneter Thymian
50 ml Olivenöl
Und: 1 Backblech

Arbeitszeit: 1 $^1/_4$ Std.
Backzeit: 30 Min.
Bei 6 Personen pro Portion etwa:
510 kcal · 20 g EW · 26 g F · 55 g KH

FRISCH AM BESTEN

1 Für den Teig aus Hefe, $^1/_8$ l lauwarmem Wasser, Zucker, Salz, den beiden Mehlsorten und dem Öl einen glatten, geschmeidigen Teig kneten. Zugedeckt an einem warmen Ort 1 Std. ruhen lassen.

2 Inzwischen in einem Topf Wasser zum Kochen bringen. Die Paprikaschoten waschen, halbieren, putzen und in Streifen schneiden.

3 Die Stielansätze der Tomaten entfernen. Die Tomaten kurz in das kochende Wasser legen, mit einer Schaumkelle herausheben. Die Paprikastreifen in das Wasser geben und 3–4 Min. kochen lassen, dann gut abtropfen lassen.

4 Die Tomaten häuten, entkernen und klein würfeln. Den Mozzarella in kleine Würfel schneiden.

5 Den Ofen auf 200° vorheizen. Ein Backblech fetten. Den Teig noch einmal durchkneten, auf wenig Mehl dünn ausrollen und das Blech damit auskleiden. Einen schmalen Rand formen.

6 Die Paprikastreifen und Oliven auf dem Teig verteilen, mit Salz, Pfeffer und Thymian würzen. Die Tomaten darüber verteilen. Mit Mozzarella bestreuen und dem Olivenöl beträufeln. Den Kuchen im heißen Ofen (Mitte, Umluft 180°) 30 Min. backen.

Tipp

Wenn Sie ungern auf Fleisch verzichten, legen Sie zuerst einen Teil der Teigplatte mit dünnen Salamischeiben aus. Dann den ganzen Teig wie beschrieben mit Gemüse und Käse bedecken.

Trauben-Käse-Tarte

Zutaten für 2–4 Personen:
Für den Mürbeteig:
150 g Mehl · Salz
100 g gekühlte Butter
Für den Belag:
100 g Reblochon oder
Bel Paese
30 g Parmesan, frisch gerieben
50 g Crème fraîche
220 g blaue Trauben
(oder blau und hell gemischt)
Und: 1 feuerfeste Form von 20 cm ø

Arbeitszeit: 45 Min.
Backzeit: 25 Min.
Bei 4 Personen pro Portion etwa:
530 kcal · 14 g EW · 35 g F · 39 g KH

GELINGT LEICHT

1 Das Mehl mit 1 Prise Salz auf die Arbeitsfläche geben. In der Mitte eine Mulde formen und 2 EL eiskaltes Wasser hineingeben. Die Butter in Flöckchen auf dem Rand verteilen, alles mit einem Messer durchhacken, dann rasch zu einem glatten Teig verkneten.

2 Den Teig auf wenig Mehl rund und $^1/_2$ cm dick ausrollen und in die Form geben. Dabei einen 1 cm hohen Rand formen. Den Teig mindestens 30 Min. kühl stellen.

3 Inzwischen den Backofen auf 175° vorheizen. Den Reblochon entrinden und in Würfel schneiden. Parmesan mit Crème fraîche und Reblochonwürfeln mischen. Die Trauben waschen, größere Trauben halbieren.

4 Die Käsecreme auf den Teigboden geben und die Trauben darauf verteilen. Im Backofen (unten, Umluft 160°) 25 Min. backen. Die Tarte vor dem Anschneiden 10 Min. ruhen lassen.

Lecker zur Trauben-Käse-Tarte: Walnuss-Sauce

Für 4 Portionen 300 g Naturjoghurt und 2 EL Walnussöl verrühren. Den Joghurt mit $1/2$ TL rosenscharfem Paprikapulver, Salz und Pfeffer würzen. 100 g gemahlene Walnusskerne untermischen. 2 Bund Schnittlauch waschen, trockenschütteln und in feine Röllchen schneiden. Den Schnittlauch in die Sauce rühren.

GEMÜSEHITS

Rote Zwiebeltarte

Zutaten für 4 Personen:

Für den Mürbeteig:

150 g Butter
1 Ei
Salz
100 g gemahlene Haselnüsse
150 g Mehl

Für den Belag:

1 kg rote Zwiebeln
50 g Rosinen
6 Salbeiblättchen
100 g brauner Zucker
150 ml Rotweinessig
1 TL Salz
1 TL Kreuzkümmelpulver
1 TL schwarzer Pfeffer
einige Petersilienblättchen zum Garnieren (nach Belieben)
Und: 1 feuerfeste Form von 28 cm ø

Arbeitszeit: 50 Min.
Backzeit: 35 Min.
Pro Portion etwa: 730 kcal ·
10 g EW · 40 g F · 88 g KH

GELINGT LEICHT

Getränketipp

Reichen Sie zu der Tarte einen fruchtigen Rotwein, z. B. einen Côtes du Roussillon.

1 Die Butter mit 1 Prise Salz, dem Ei, den Haselnüssen und dem Mehl zu einem glatten Teig verkneten. Den Teig zu einer Kugel formen, in Klarsichtfolie wickeln und 30 Min. kühl stellen.

2 Inzwischen für den Belag die Zwiebeln schälen und in nicht zu kleine Würfel schneiden. Die Rosinen waschen und abtropfen lassen. Die Salbeiblätter waschen und in Streifen schneiden.

3 Den Zucker und den Essig in einen Topf geben. Zwiebeln, Rosinen, Salbei, Salz, Kreuzkümmel und Pfeffer hinzufügen und zum Kochen bringen. Bei schwacher Hitze 20 Min. offen köcheln lassen. Dabei ab und zu umrühren. Dann eventuell abtropfen lassen.

4 Den Backofen auf 200° (Umluft 180°) vorheizen. Den Teig auf der bemehlten Arbeitsfläche rund ausrollen und in die Form legen. Den Teigboden mit einer Gabel mehrmals einstechen.

5 Den Teig im Backofen 15 Min. vorbacken. Danach die Zwiebelmasse gleichmäßig auf dem Teigboden verteilen und die Tarte im Ofen (unten) nochmals 20 Min. backen. Nach Belieben mit Petersilienblättchen garniert servieren.

Tipps

Die süß-scharfe Kombination aus Zwiebeln und Rosinen wird Kinder wahrscheinlich nicht begeistern, kommt dafür bei Ihren Gästen aber bestimmt großartig an. Vor allem, wenn Sie in die Dekoration investieren: Etwas mehr Teig machen, dünn ausrollen und kleine Zwiebeln ausschneiden (siehe Foto). Mit einem Messer dekorativ einritzen, auf einem kleinen Blech auslegen und extra 15-20 Min. backen. Die Tarte damit verzieren.
Mehr Bindung bekommt die Tarte, wenn Sie zusätzlich 1 EL Crème fraîche und 1 Ei unter die Zwiebelmasse rühren.

Fenchel-Walnuss-Pizza

Zutaten für 4–6 Personen:

Für den Quark-Öl-Teig:
150 g Magerquark
4 EL Milch · 6 EL Öl · Salz
300 g Mehl
2 TL Backpulver

Für den Belag:
2–3 Fenchelknollen (etwa 600 g)
3 EL Olivenöl · 2 EL Butter
50 g getrocknete Tomaten in Öl
4 Knoblauchzehen
200 g Ziegenkäse
100 g Walnusskerne
6 frische Salbeiblätter
schwarzer Pfeffer

Arbeitszeit: 50 Min.
Backzeit: 30 Min.
Bei 6 Personen pro Portion etwa:
580 kcal · 22 g EW · 33 g F · 52 g KH

SCHMECKT AUCH KALT

1 Den Quark in einem Tuch auspressen. Dann mit Milch, Öl und 1/2 TL Salz verrühren. Mehl und Backpulver dazusieben, alles zu einem glatten Teig verkneten. Zugedeckt 30 Min. kühl stellen.

2 Den Fenchel waschen, putzen (das Grün klein hacken und zur Seite legen) und längs in 1/2 cm dicke Scheiben schneiden. Diese in kochendem Salzwasser 8 Min. blanchieren. Herausheben und abtropfen lassen.

3 Olivenöl und Butter erhitzen. Den Fenchel darin goldgelb anbraten. Die Tomaten streifig schneiden, 1–2 EL Öl aufheben. Knoblauch schälen, in Scheiben schneiden. Den Backofen auf 200° vorheizen.

4 Den Teig nochmals durchkneten, auf wenig Mehl zu 2 Pizzen ausrollen, die Ränder etwas hochdrücken. Auf das geölte Blech legen, die Teigböden mit einer Gabel mehrmals einstechen.

5 Den Ziegenkäse zerbröckeln und abwechselnd mit dem Fenchel auf die Pizzen legen. Walnusskerne in Stücken mit dem Knoblauch, den Tomaten und Salbeiblättern dazwischen verteilen. Mit 1–2 EL Tomatenöl beträufeln, im Ofen (Mitte, Umluft 180°) 30 Min. backen. Mit Pfeffer und Fenchelgrün bestreuen.

Kürbisquiche

Zutaten für 4–6 Personen:

Für den Mürbeteig:
250 g Mehl
1 Ei · 1 Prise Salz
125 g Butter

Für den Belag:
800 g Kürbis (ungeputzt)
1 große Zwiebel
2 EL Olivenöl
2 Knoblauchzehen
Salz · Pfeffer
1 Prise Cayennepfeffer
200 ml Gemüsebrühe
3 Eier · 150 g Crème fraîche
100 g Parmesan, frisch gerieben
3 EL Kürbiskerne
Und: 1 feuerfeste Form von 28 cm ø

Arbeitszeit: 50 Min.
Backzeit: 45 Min.
Bei 6 Personen pro Portion etwa:
600 kcal · 18 g EW · 40 g F · 43 g KH

PREISWERT

1 Das Mehl auf die Arbeitsfläche häufen, in die Mitte eine Mulde drücken. Ei, Salz und 1 EL eiskaltes Wasser hineingeben, Butter in Flöckchen auf dem Rand verteilen. Alles mit einem Messer verhacken, dann rasch verkneten. Zugedeckt 30 Min. kühl stellen.

2 Den Kürbis schälen, putzen und klein würfeln. Die Zwiebel schälen, fein hacken und im heißen Öl mit dem Kürbis andünsten. Den Knoblauch schälen, dazupressen. Mit Salz, Pfeffer und Cayennepfeffer würzen, mit der Gemüsebrühe aufgießen und zugedeckt in 15–20 Min. weich dünsten. Das Kürbisfleisch pürieren und abkühlen lassen.

3 Den Ofen auf 200° vorheizen. Den Teig auf wenig Mehl rund ausrollen, in die Form legen und einen 3 cm hohen Rand formen.

4 Die Eier mit der Crème fraîche, dem Parmesan und der Hälfte der Kürbiskerne unter das Kürbispüree rühren, nochmals würzen und die Mischung auf dem Teigboden verteilen. Mit den restlichen Kürbiskernen bestreuen und im Backofen (Mitte, Umluft 180°) 45 Min. backen.

> **Tipp**
> Es gibt im Naturkostladen schon fertiges Kürbispüree im Glas zu kaufen, dann geht die Quiche schneller.

Lecker zur Kürbisquiche: Orangensauce

Für 4 Portionen 1 Zwiebel schälen und fein hacken. Die Schale von $^1/_2$ unbehandelten Orange abschälen und streifig schneiden. Zwiebel und Orangenschale in 2 EL Butter andünsten. Saft von 3 Orangen und 300 ml Gemüsebrühe dazugießen, um ein Drittel einkochen lassen. Mit Salz, Pfeffer und 1 EL Aceto balsamico abschmecken.

Birnentarte mit Gorgonzola

Zutaten für 2–4 Personen:

Für den Mürbeteig:
80 g Weizenmehl (Type 405)
40 g Weizen-Vollkornmehl
1 TL Salz
80 g kalte Butter

Für den Belag:
150 g Gorgonzola
2 Eier
200 ml Milch
schwarzer Pfeffer
1 Bund Schnittlauch
3 Birnen
2 EL Zitronensaft
2 EL Pinienkerne
Und: 1 feuerfeste Form von 22 cm ø

Arbeitszeit: 50 Min.
Backzeit: 30 Min.
Bei 4 Personen pro Portion etwa:
535 kcal · 16 g EW · 35 g F · 43 g KH

GELINGT LEICHT

Getränketipp

Servieren Sie zu dieser Tarte einen samtigen, vollmundigen Rotwein, z. B. einen Côtes du Rhône oder auch einen Corbières.

1 Für den Teig die beiden Mehlsorten mit dem Salz mischen, auf die Arbeitsfläche geben, in die Mitte eine Mulde drücken. 2–3 EL eiskaltes Wasser hineingeben. Die Butter in Flöckchen auf dem Rand verteilen, alles rasch verkneten. Zugedeckt mindestens 30 Min. kühl stellen.

2 Den Backofen auf 225° (Umluft 200°) vorheizen. Den Teig zwischen zwei Lagen Klarsichtfolie zu einem dünnen Kreis ausrollen, die Form damit auskleiden. Überstehenden Teig abschneiden, den Teigboden mit einer Gabel mehrmals einstechen. Den Teig im Ofen (Mitte) 10 Min. vorbacken.

3 Inzwischen für den Belag den Gorgonzola mit den Eiern und der Milch pürieren und mit Pfeffer würzen. Den Schnittlauch waschen, trockenschütteln und in feine Röllchen schneiden, unter die Gorgonzolacreme mischen.

4 Die Birnen schälen und halbieren, vorsichtig die Kerngehäuse entfernen. Die gewölbte Seite mit einem Messer noch drei oder vier Mal einschneiden.

5 Die Birnenhälften mit Zitronensaft beträufeln und mit den Rundungen nach oben auf den Mürbeteig legen. Die Käsecreme drumherum verteilen und die Pinienkerne aufstreuen. Die Tarte im Ofen bei 200° (Umluft 180°) weitere 20 Min. backen.

Tipps

Die Arbeitszeit für diese Tarte lässt sich wesentlich reduzieren, wenn Sie den Mürbeteig durch 3 Scheiben TK-Blätterteig (180 g) ersetzen.
Wollen Sie die Tarte 4 hungrigen Essern servieren, sollten Sie einen Salat dazu reichen, dann wird garantiert jeder satt. Gut passt z. B. ein Feldsalat mit Schnittlauchvinaigrette: Für 4 Portionen 150 g Feldsalat putzen, waschen und abtropfen lassen. Für die Vinaigrette 1 Bund Schnittlauch waschen, trockenschütteln und in Röllchen schneiden. 3 EL Essig, Salz, Pfeffer und 1 TL Senf verrühren, dann mit einem Schneebesen 5 EL Öl langsam darunter schlagen. Den Schnittlauch unterrühren. Die Vinaigrette über den Salat träufeln. Den Salat mit 50 g ausgebratenen Speckwürfeln bestreuen.

Kartoffelpie mit Schalotten

Zutaten für 4–6 Personen:

Für den Quarkteig:

150 g Mehl
150 g Butter
150 g Magerquark
1 Prise Salz

Für den Belag:

750 g vorwiegend fest kochende Kartoffeln
1 TL Kümmelkörner
250 g Schalotten
1 EL Butter
Salz · Pfeffer
1 TL getrockneter Majoran
250 g Crème fraîche
2 Eier
150 g Bergkäse, frisch gerieben
Muskatnuss, frisch gerieben
frische Majoranblättchen zum Garnieren (nach Belieben)
Und: 1 feuerfeste Form von 26 cm ø

Arbeitszeit: 55 Min.
Backzeit: 45 Min.
Bei 6 Personen pro Portion etwa:
700 kcal · 19 g EW · 50 g F · 46 g KH

PREISWERT

Getränketipp

Zu dieser herzhaft-rustikalen Pie schmeckt ein frischer Weißwein, z. B. ein Silvaner, oder einfach ein kühles helles Bier sehr gut.

1 Das Mehl in eine Schüssel geben. Die Butter in Würfel schneiden, den Quark in einem Tuch auspressen. Butter und Quark mit dem Salz zum Mehl geben. Mit den Knethaken des Handrührgeräts zu einem geschmeidigen Teig verarbeiten. Zu einer Kugel formen und zugedeckt mindestens 30 Min. kühl stellen.

2 Inzwischen die Kartoffeln waschen, mit dem Kümmel in einen Topf geben, knapp mit Wasser bedecken und zugedeckt in 25 Min. gar kochen. Etwas abkühlen lassen, schälen und in knapp $1/2$ cm dicke Scheiben schneiden.

3 Die Schalotten schälen und in feine Ringe schneiden. Die Butter in einer Pfanne erhitzen und die Schalotten darin unter Rühren bei mittlerer Hitze 3 Min. dünsten. Mit Salz, Pfeffer und etwas Majoran würzen. Den Ofen auf 200° vorheizen. Die Form fetten.

4 Die Crème fraîche mit den Eiern und der Hälfte des Bergkäses verrühren und mit Salz, Pfeffer und Muskat kräftig würzen.

5 Den Teig auf wenig Mehl rund ausrollen, in die Form legen und einen etwa 3 cm hohen Rand formen. Die Kartoffeln dachziegelartig auf den Teig legen, dabei jede Schicht mit Salz, Pfeffer und Majoran würzen und die Schalotten darauf verteilen. Mit der Käsemischung begießen und mit dem restlichen Käse bestreuen. Die Pie im heißen Backofen (Mitte, Umluft 180°) 45 Min. backen. Nach Belieben mit Majoranblättchen garnieren.

Tipp

Zur kompletten Hauptmahlzeit wird die Pie mit einem einfachen gemischten Salat: Für 4–6 Portionen 1 Kopfsalat putzen, waschen, abtropfen lassen und die Blätter klein zupfen. 250 g Tomaten waschen und achteln, dabei die Stielansätze entfernen. 1 kleine Salatgurke schälen, vierteln und in Scheiben schneiden. Für die Joghurt-Vinaigrette 3 EL Essig mit Salz, Pfeffer und 1 TL Senf verrühren, dann mit einem Schneebesen 5 EL Öl langsam unterschlagen. Zum Schluss einen kleinen Becher Joghurt (150 g) und nach Belieben gehackte Haselnüsse unterrühren. Die vorbereiteten Salatzutaten in der Joghurt-Vinaigrette wenden und zu der Pie servieren.

Grüne Spargeltarte

Zutaten für 4–6 Personen:
Für den Mürbeteig:
250 g Mehl · 1 Ei · Salz
125 g kalte Butter
Für den Belag:
500 g grüner Spargel · Salz
250 g Sahnegorgonzola
150 g Crème fraîche
1 Ei · Pfeffer
Muskatnuss, frisch gerieben
Und: 1 feuerfeste Form von 26 cm ø

Arbeitszeit: 45 Min.
Backzeit: 30–35 Min.
Bei 6 Personen pro Portion etwa:
580 kcal · 16 g EW · 42 g F · 35 g KH

MACHT WAS HER

1 Das Mehl auf die Arbeitsfläche häufen, in die Mitte eine Mulde drücken. Ei mit Salz hineingeben, Butter in Flöckchen am Rand verteilen. Alles mit einem Messer durchhacken, dann verkneten. Zugedeckt 30 Min. kühl stellen.

2 Den Spargel waschen, das untere Drittel schälen. Enden entfernen und Spitzen beiseite legen. Den Spargel in kochendem Salzwasser 5 Min. blanchieren, die Spitzen dazugeben, weitere 2 Min. garen. Kalt abschrecken, gut abtropfen lassen.

3 Den Gorgonzola zerdrücken, Crème fraîche und Ei unterrühren. Mit Salz, Pfeffer und Muskat würzen. Ofen auf 200° vorheizen.

4 Den Teig auf wenig Mehl rund ausrollen, in die Form legen und einen 3 cm hohen Rand formen. Den Spargel auf den Teig legen, die Käsemischung darauf verteilen. Im Ofen (Mitte, Umluft 180°) 30–35 Min. backen.

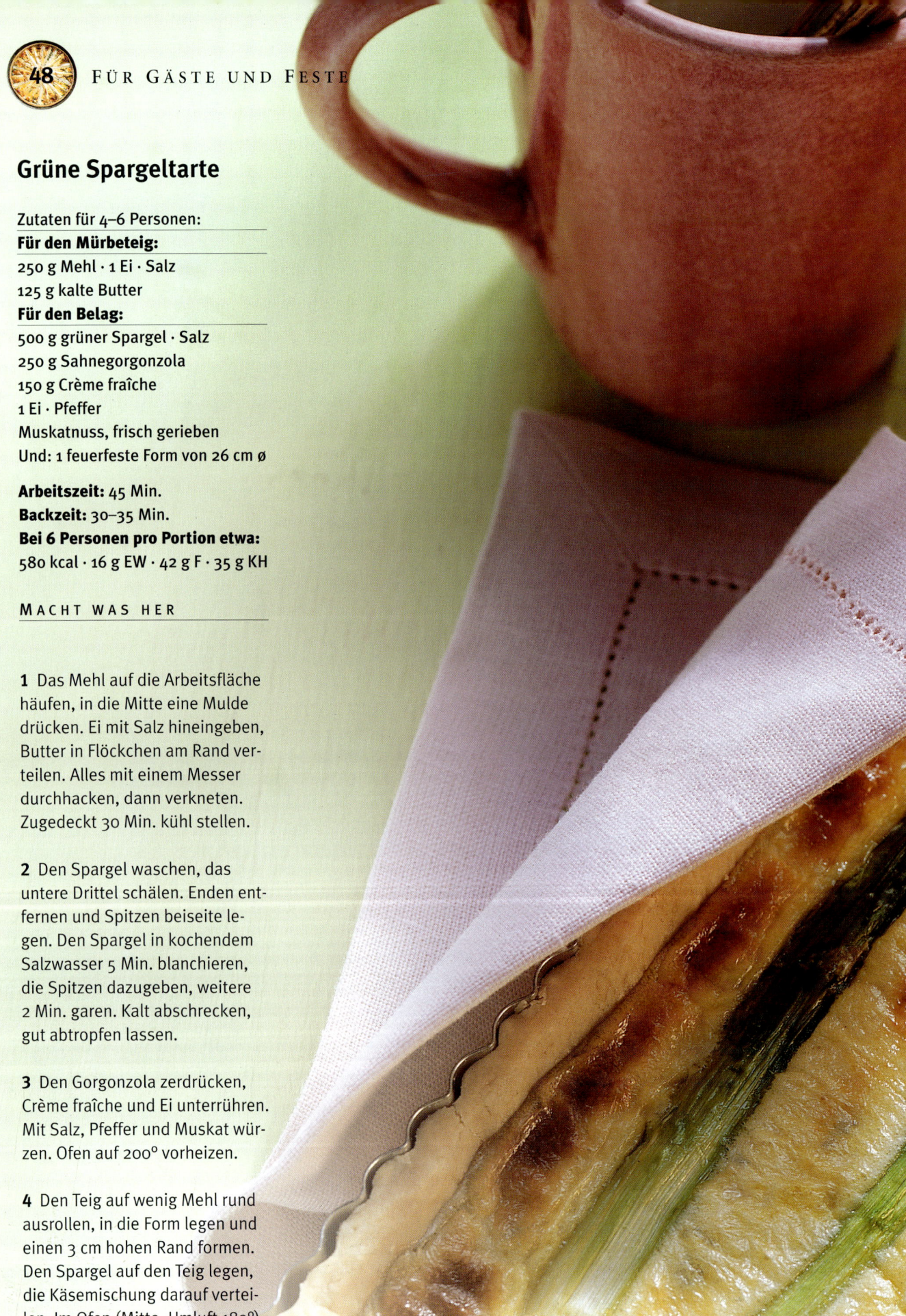

Für Gäste und Feste

Austernpilz-Schinken-Quiche

Zutaten für 4 Personen:

Für den Mürbeteig:
250 g Mehl · 1 Ei
Salz · 125 g Butter

Für den Belag:
4 Schalotten
100 g gekochter Schinken in Scheiben
800 g Austernpilze
5 EL Öl · 1 EL helle Sojasauce
Salz · schwarzer Pfeffer
150 g Crème fraîche · 1 EL Sherry
1 EL frisch gehackte Petersilie
100 g Sahne
100 g Bergkäse, frisch gerieben
Und: 1 feuerfeste Form von 28 cm ø

Arbeitszeit: 1 Std.
Backzeit: 30–35 Min.
Pro Portion etwa: 785 kcal · 28 g EW · 69 g F · 16 g KH

SCHMECKT AUCH KALT

1 Das Mehl auf die Arbeitsfläche häufen, in die Mitte eine Mulde drücken. Ei, Salz und 1 EL Wasser hineingeben. Die Butter in Flöckchen auf dem Rand verteilen. Alles rasch verkneten. Zugedeckt 30 Min. kühl stellen.

2 Die Schalotten schälen und klein würfeln. Den Schinken streifig schneiden. Die Austernpilze sauber abreiben, harte Stiele entfernen. Die Pilze in 2 cm breite Streifen schneiden.

3 Die Schalotten im Öl glasig dünsten. Den Schinken und die Austernpilze dazugeben und bei mittlerer Hitze unter Rühren dünsten, bis die Flüssigkeit verdampft ist. Mit Sojasauce, Salz und Pfeffer würzen.

4 Den Backofen auf 200° vorheizen. Crème fraîche, Sherry, Petersilie und Sahne verrühren. Den Käse unterheben.

5 Den Teig auf wenig Mehl rund ausrollen, in die Form geben und einen 3 cm hohen Rand formen. Die Pilzmischung gleichmäßig auf dem Teig verteilen. Die Käsecreme darüber verteilen. Die Quiche im heißen Backofen (Mitte, Umluft 175°) 35 Min. backen.

Möhren-Speck-Quiche

Zutaten für 4–6 Personen:

Für den Mürbeteig:
350 g Mehl · 1 Ei · 1 Eigelb
Salz · 1 Prise Zucker · 3 EL Milch
150 g Butter

Für den Belag:
800 g junge Möhren · Salz
100 g durchwachsener Räucherspeck
1 Zwiebel · 2 Knoblauchzehen
1 TL Korianderkörner
$1/2$ TL Kümmelkörner
2 EL Butter · Pfeffer
200 g Sahne
100 g saure Sahne · 3 Eier
Muskatnuss, frisch gerieben
3-4 Korianderzweige
Und: 1 feuerfeste Form von 28 cm ø

Arbeitszeit: 1 Std.
Backzeit: 50 Min.
Bei 6 Personen pro Portion etwa:
755 kcal · 18 g EW · 49 g F · 60 g KH

SCHMECKT AUCH KALT

1 Das Mehl auf eine Arbeitsfläche sieben. In die Mitte eine Mulde drücken, Ei, Eigelb, je 2 Prisen Salz und Zucker und die Milch hineingeben. Die Butter in Flöckchen am Rand verteilen. Alles mit einem Messer durchhacken, dann rasch verkneten. Den Teig auf wenig Mehl dünn ausrollen, in die Form legen und einen Rand von 3 cm hochdrücken. Den Teigboden mehrmals mit einer Gabel einstechen. 30 Min. kühl stellen.

2 Die Möhren putzen, schälen und in $1/2$ cm dicke Scheiben schneiden. In kochendem Salzwasser 4 Min. blanchieren. Die Möhren kalt abschrecken und abtropfen lassen.

3 Speck, Zwiebel und Knoblauch fein würfeln. Koriander und Kümmel im Mörser fein zerstoßen. Den Speck in der Butter bei mittlerer Hitze anbraten. Zwiebel und Knoblauch hinzufügen und mitdünsten. Möhren untermischen. Alles mit Salz, Pfeffer und den zerstoßenen Gewürzen würzen. Etwas abkühlen lassen.

4 Den Ofen auf 200° vorheizen. Süße und saure Sahne mit den Eiern verquirlen, mit Muskat, Pfeffer und etwas Salz würzen. Koriander klein schneiden und unterrühren. Die Möhren auf dem Teig verteilen, die Eiersahne darüber gießen. Im Ofen (Mitte, Umluft 180°) 50 Min. backen. 10 Min. abkühlen lassen.

Lecker zur Möhren-Speck-Quiche: Herbstsalat

Für 4 Portionen 150 g Egerlinge trocken abreiben und in Scheiben schneiden. 1 Zwiebel schälen, fein hacken und in 2 EL Öl andünsten. Die Pilze kurz mitbraten. Mit 1 TL Sojasauce würzen, beiseite stellen. Für das Dressing 1 TL Senf, 2 EL Sherryessig und 3 EL Öl verrühren. Salzen und pfeffern. 300 g Feldsalat putzen, waschen und mit dem Dressing vermischen. Die Pilze auf dem Salat verteilen.

Sauerkrautquiche

Zutaten für 6 Personen:

Für den Quark-Öl-Teig:

200 g Magerquark
6 EL Sonnenblumenöl · ½ TL Salz
350 g Weizenvollkornmehl
2 TL Backpulver

Für den Belag:

2 Zwiebeln
100 g durchwachsener
Räucherspeck
1 EL Butterschmalz
500 g Sauerkraut
2 Wacholderbeeren
1 Lorbeerblatt
300 ml Apfelsaft oder Cidre
Salz · schwarzer Pfeffer
2 Äpfel
1 mehlig kochende Kartoffel
200 g Schmand (ersatzweise Crème fraîche)
100 g Sahne · 2 Eier
1 EL frisch gehackter Majoran
50 g Bergkäse, frisch gerieben
Und: 1 Backblech

Arbeitszeit: 1 Std.
Backzeit: 30 Min.
Pro Portion etwa: 700 kcal ·
22 g EW · 38 g F · 70 g KH

FÜR DIE GROSSE RUNDE

Getränketipp

Zu dieser Quiche können Sie den Cidre servieren, der für den Belag verwendet wurde, oder auch einen Württemberger Schillerwein.

1 Den Quark in einem Tuch auspressen, dann mit 6 EL Wasser, Öl und Salz verrühren. Das Mehl mit dem Backpulver mischen. Die Hälfte des Mehls nach und nach unter die Quarkmasse rühren. Dann das restliche Mehl mit dem Backpulver unterkneten. Den Teig 30 Min. kühl stellen.

2 Inzwischen die Zwiebeln schälen und fein würfeln. Den Speck klein würfeln und mit den Zwiebeln im Schmalz andünsten. Sauerkraut, Wacholderbeeren, Lorbeerblatt und Apfelsaft oder Cidre dazugeben. Salzen und pfeffern. Zugedeckt bei schwacher Hitze 15 Min. schmoren.

3 Die Äpfel schälen, vierteln, vom Kerngehäuse befreien und quer in dünne Scheiben schneiden. Die Kartoffel schälen und fein reiben. Beides zum Sauerkraut geben und weitere 10 Min. schmoren. Den Backofen auf 200° vorheizen. Ein Backblech fetten.

4 Den Teig auf wenig Mehl in Größe des Backbleches ausrollen, auf das Blech legen und dabei einen Rand formen.

5 Den Schmand mit Sahne und Eiern verrühren. Majoran und Käse unterheben. Nochmals mit Salz und Pfeffer würzen.

6 Das Sauerkraut auf den Teig geben. Den Guss darüber gießen. Die Quiche im Backofen (Mitte, Umluft 175°) 30 Min. backen.

Variante

Sauerkraut schmeckt übrigens auch auf einer Pizza superlecker: Für 1 Backblech 1 Würfel Hefe zerbröckeln und in ⅛ l lauwarmem Wasser auflösen. 400 g Mehl, ½ TL Zucker, 3 Prisen Salz und 100 ml Olivenöl hinzufügen und alles mit den Knethaken des Handrührgeräts zu einem glatten Teig verarbeiten. Zugedeckt 1 Std. gehen lassen. Inzwischen 1 Zwiebel und 2 Knoblauchzehen schälen. Die Zwiebel klein würfeln, den Knoblauch durch die Presse drücken. Mit 5 EL Tomatenmark, 5 EL Olivenöl, Pfeffer und ½ TL Zucker verrühren. 400 g Sauerkraut (aus der Dose) ausdrücken und klein schneiden. 300 g gekochten Schinken am Stück würfeln. 200 g Kirschtomaten waschen und halbieren. 100 g grüne gefüllte Oliven klein schneiden. Den Teig nochmals durchkneten. Auf wenig Mehl in Größe des Backblechs ausrollen, auf das gefettete Blech legen, dabei einen Rand formen. 10 Min. ruhen lassen. Den Ofen auf 220° vorheizen. Den Teig mit dem Sauerkraut belegen. Dann Schinken, Tomaten und Oliven gleichmäßig darauf verteilen. 150 g Gorgonzola zerbröckeln und mit 50 g geriebenem Parmesan auf der Pizza verteilen. Die Pizza im Ofen (Mitte, Umluft 200°) 25 Min. backen.

Paprikaquiche mit Cabanossi

Zutaten für 4–6 Personen:
Für den Mürbeteig:
200 g Mehl · 1 Ei · Salz
5 EL Milch · 80 g kalte Butter
Für den Belag:
je 1 rote, gelbe und grüne
Paprikaschote
2 Zwiebeln · 4 Knoblauchzehen
250 g Cabanossi
3 EL Öl
1/2 TL Currypulver
Pfeffer · Cayennepfeffer · Salz
200 g Sahne · 4 Eier
150 g Greyerzer, frisch gerieben
Muskatnuss, frisch gerieben
Und: 1 feuerfeste Form von 28 cm ø

Arbeitszeit: 50 Min.
Backzeit: 45 Min.
Bei 6 Personen pro Portion etwa:
665 kcal · 23 g EW · 48 g F · 34 g KH

SCHMECKT AUCH KALT

1 Das Mehl auf eine Arbeitsfläche sieben. In die Mitte eine Mulde drücken, Ei, 2 Prisen Salz und Milch hineingeben. Die Butter in Flöckchen auf dem Rand verteilen. Alles mit einem Messer durchhacken, dann rasch verkneten und auf wenig Mehl in Formgröße ausrollen. Den Teig in die Form legen, dabei einen Rand von 3 cm hochdrücken. Zugedeckt mindestens 30 Min. kühl stellen.

2 Die Paprikaschoten waschen, halbieren, putzen und würfeln. Zwiebeln und Knoblauch schälen und klein würfeln. Die Cabanossi in dünne Scheiben schneiden.

3 Die Paprikawürfel im Öl bei mittlerer Hitze 3 Min. andünsten. Zwiebeln und Knoblauch hinzufügen und 2 Min. mitgaren. Das Gemüse mit Curry, Pfeffer, Cayennepfeffer und etwas Salz würzen. Den Backofen auf 200° vorheizen.

4 Die Sahne und die Eier verquirlen. Den Käse untermischen. Die Eiersahne mit Muskat, Pfeffer und Salz würzen.

5 Das Gemüse und die Wurst auf dem Teig verteilen und mit der Eiersahne begießen. Die Quiche im heißen Backofen (Mitte, Umluft 180°) 45 Min. backen.

Quiche mit Schweinefilet und Bohnen

Zutaten für 4–6 Personen:
Für den Mürbeteig:
250 g Weizen-Vollkornmehl
125 g kalte Butter
1 Ei · 1 Prise Salz
Für den Belag:
500 g Schweinefilet
2 EL Öl
2 Knoblauchzehen
Salz · Pfeffer
1 TL getrockneter Thymian
300 g tiefgekühlte grüne Bohnen
3 Eier · 1/4 l Milch
1 Prise frisch geriebene
Muskatnuss
Und: 1 feuerfeste Form von 26 cm ø

Arbeitszeit: 45 Min.
Backzeit: 30 Min.
Bei 6 Personen pro Portion etwa:
575 kcal · 22 g EW · 37 g F · 38 g KH

MACHT WAS HER

1 Das Mehl auf die Arbeitsfläche sieben, in die Mitte eine Mulde drücken. Ei und Salz hineingeben, die Butter in Flöckchen auf dem Rand verteilen. Mit einem Messer durchhacken, dann rasch verkneten. Den Teig 30 Min. kühl stellen.

2 Das Schweinefilet in 2 cm große Würfel schneiden und im Öl 3 Min. kräftig anbraten. Den Knoblauch schälen und dazupressen. Mit Salz, Pfeffer und Thymian würzen. Vom Herd nehmen und abkühlen lassen.

3 Die Bohnen in reichlich Salzwasser nach Packungsanweisung bissfest garen. Kalt abschrecken und in einem Sieb gut abtropfen lassen. Die Bohnen in 2 cm lange Stücke schneiden.

4 Den Ofen auf 200° vorheizen. Eier und Milch verquirlen, mit Salz, Pfeffer und Muskat würzen.

5 Den Teig auf wenig Mehl rund ausrollen, in die Form legen und einen 3 cm hohen Rand formen.

6 Bohnen und Fleisch mischen und auf dem Teigboden verteilen. Mit der Eiermilch übergießen. Die Quiche im Backofen (Mitte, Umluft 180°) 30 Min. backen.

Lecker zur Quiche mit Schweinefilet und Bohnen: Paprikasauce

Für 4 Portionen 3 rote Paprikaschoten halbieren und entkernen. Im vorgeheizten Ofen mit der Hautseite nach oben etwa 15 Min. grillen, bis die Haut Blasen wirft. Herausnehmen und schälen. Mit 3–4 Knoblauchzehen und 1 frischen Chilischote (vorher entkernen!) pürieren. 3 EL Olivenöl unterrühren. Mit Salz, Pfeffer und 1 TL rosenscharfem Paprikapulver würzen.

Pikante Hackfleisch-Chili-Pizza

Zutaten für 4–6 Personen:

Für den Quark-Öl-Teig:

125 g Speisequark
1 Ei · 1 TL Salz
4 EL Sonnenblumenöl
220 g Weizen-Vollkornmehl
1 TL Backpulver

Für den Belag:

2 Zwiebeln
3 Knoblauchzehen
3 grüne Chilischoten
1 Packung pürierte Tomaten (340 g)
1 TL getrockneter Oregano
1 TL Kreuzkümmelpulver
$1/2$ TL Korianderpulver
3 EL Öl
500 g Rinderhackfleisch
1 TL brauner Zucker
Salz
150 g Schafkäse
Und: 1 feuerfeste Form von 30 cm ø

Arbeitszeit: 1 Std.
Backzeit: 40 Min.
Bei 6 Personen pro Portion etwa:
540 kcal · 27 g EW · 32 g F · 40 g KH

SCHMECKT AUCH KALT

1 Den Quark in einem Tuch gut auspressen, dann mit 4 EL Wasser, dem Ei, Salz und Öl verrühren. Mehl und Backpulver mischen. Die Hälfte davon unterrühren. Dann das restliche Mehl unterkneten. Den Teig zugedeckt 30 Min. kühl stellen.

2 Inzwischen Zwiebeln und Knoblauch schälen und fein hacken. Die Chilischoten längs halbieren, von den Trennwänden befreien, waschen und in Streifen schneiden. Die Tomaten mit Zwiebeln, Knoblauch, Chilischoten, Oregano, Kreuzkümmel und Koriander im Mixer pürieren.

3 Das Öl in einem breiten Topf erhitzen. Das Hackfleisch mit dem Zucker darin braun braten. Die vorbereitete Sauce dazugeben und alles bei schwacher Hitze 25 Min. köcheln lassen. Danach mit Salz abschmecken.

4 Den Backofen auf 220° vorheizen. Die Form fetten. Den Teig auf der bemehlten Arbeitsfläche rund ausrollen. In die Form geben, dabei einen etwas dickeren Rand formen. Das Hackfleisch darauf verteilen. Den Schafkäse zerbröckeln und auf die Pizza streuen. Die Pizza im Backofen (unten, Umluft 220°) 40 Min. backen.

Tipps

Ihre würzige Schärfe bekommt diese Pizza durch die grünen Chilischoten. Wem es nicht pikant genug sein kann, garniert die Pizza zusätzlich mit feinen Scheiben von 1 frischen Chilischote oder verwendet für den Belag gleich rote Chilis, denn die sind um Einiges schärfer als die unreif geernteten grünen. In jedem Fall aber ist es ratsam, sich nach jedem Anfassen der Schoten die Hände zu waschen und nicht in die Augen zu reiben, denn die Schärfe haftet an den Fingern und brennt sehr unangenehm.

Getränketipp

Ein␣füllliger Rotwein, z. B. ein Cabernet Sauvignon, darf bei diesem würzig-scharfen Pizzavergnügen nicht fehlen.

Pikante Sardellen-Schinken-Pizza

Zutaten für 2–4 Personen:

Für den Hefeteig:
250 g Mehl · ½ Würfel Hefe
75 ml lauwarme Milch
½ TL Zucker
Salz · 2 EL Öl

Für den Belag:
3–4 Tomaten · 2 Zwiebeln
150 g gekochter Schinken
8 Sardellenfilets in Salz
6 scharf eingelegte Peperoni
50 g schwarze Oliven
1 TL getrockneter Oregano
50 g Pecorino, frisch gerieben
Oreganoblättchen zum Garnieren

Arbeitszeit: 1 ¼ Std.
Backzeit: 25 Min.
Bei 4 Personen pro Portion etwa:
525 kcal · 25 g EW · 17 g F · 71 g KH

FRISCH AM BESTEN

1 Das Mehl in eine Schüssel sieben und in die Mitte eine Mulde drücken. Die Hefe hineinkrümeln und mit der Milch verrühren. Den Zucker, 3 Prisen Salz und das Öl auf dem Rand verteilen. Alle Zutaten zu einem glatten Teig verkneten und zugedeckt an einem warmen Ort 1 Std. gehen lassen.

2 Inzwischen die Tomaten waschen, die Zwiebeln schälen und beides in dünne Scheiben schneiden. Den Schinken streifig schneiden. Die Sardellenfilets abspülen und trockentupfen. Den Backofen auf 200° vorheizen.

3 Den Teig nochmals durchkneten, halbieren und auf wenig Mehl jeweils zu einem Fladen ausrollen. Auf ein leicht geöltes Blech legen und mit den Tomaten belegen. Die Zwiebelscheiben und den Schinken darauf verteilen. Die Sardellen, Peperoni und Oliven dazwischen legen.

4 Zum Schluss die Pizzen mit dem getrockneten Oregano und dem Pecorino bestreuen und im heißen Backofen (Mitte, Umluft 180°) 25 Min. backen. Die Pizzen vor dem Servieren mit Oreganoblättchen garnieren.

Bunte Familienpizza

Zutaten für 6–8 Personen:

Für den Hefeteig:
500 g Mehl · ¼ l lauwarme Milch
1 Würfel Hefe · 1 TL Salz
100 g Butter

Für den Belag:
300 g Champignons
400 g Jagdwurst am Stück
100 g Salami am Stück
3 Zwiebeln · 2 EL Butter
Salz · Pfeffer
600 g Tomaten
3 hellgrüne Spitzpaprika
8 EL Ketchup
je 1 TL getrockneter Thymian und Oregano
300 g Emmentaler in Streifen
Und: 1 Backblech

Arbeitszeit: 1 ¼ Std.
Backzeit: 50 Min.
Bei 8 Personen pro Portion etwa:
770 kcal · 33 g EW · 41 g F · 68 g KH

FÜR DIE GROSSE RUNDE

1 Das Mehl in eine Schüssel sieben. Die Hefe in der Milch auflösen. Hefemilch, Salz und die Butter in Stückchen zum Mehl geben. Alles rasch verkneten. Zu einem Kloß formen, leicht mit Mehl bestäuben und an einem warmen Ort 1 Std. gehen lassen.

2 Die Pilze putzen, in Scheiben schneiden. Beide Wurstsorten klein würfeln. Zwiebeln schälen und in Ringe schneiden. Pilze und Zwiebeln in der Butter bei mittlerer Hitze 5 Min. dünsten. Salzen und pfeffern. Die Tomaten waschen und in Scheiben schneiden. Die Paprikaschoten waschen, halbieren, putzen und streifig schneiden. Den Ofen auf 240° (Umluft 220°) vorheizen.

3 Das Blech fetten. Den Teig nochmals durchkneten, auf dem Blech ausrollen und die Ränder etwas hochdrücken. Den Teig mit dem Ketchup bestreichen. Die Wurstwürfel darauf verteilen, mit Thymian und Oregano würzen. Darauf Champignons und Zwiebeln verteilen. Mit den Tomatenscheiben belegen und die Paprikastreifen dazwischen geben. Mit Salz und Pfeffer würzen.

4 Die Pizza im heißen Backofen (Mitte) 10 Min. backen. Danach die Hitze auf 200° (Umluft 180°) reduzieren und die Pizza weitere 30 Min. backen. Dann mit dem Käse bestreuen und in 10 Min. fertig backen.

Lecker zur bunten Familienpizza: Tomatensalat

Für 4 Portionen 500 g Tomaten waschen, in Scheiben schneiden und auf einer Servierplatte anrichten. 3 Schalotten schälen, klein würfeln und über die Tomaten streuen. Salzen und pfeffern. Für das Dressing 1 EL Weinessig, 1 TL Zitronensaft und 3 EL Olivenöl verrühren. Über den Salat träufeln. ½ Bund Thymian waschen, trockenschütteln, klein schneiden und über den Salat streuen.

Lammquiche mit Rosinen und Pinienkernen

Zutaten für 4–6 Personen:

Für den Quarkteig:

125 g Magerquark
125 g Mehl
125 g Butter · Salz

Für den Belag:

2 Zwiebeln
4 Knoblauchzehen
4 EL Olivenöl
600 g Lammhackfleisch (vom Metzger durchdrehen lassen)
250 g Zucchini
2 rote Paprikaschoten
1 Fleischtomate
50 g Rosinen · 2 EL Pinienkerne
Salz · Pfeffer
1 Prise Kreuzkümmelpulver
1/2 TL Zimtpulver
1 TL abgeriebene Schale von 1 unbehandelten Zitrone
100 g Schafkäse
Oregano zum Garnieren
Und: 1 feuerfeste Form von 26 cm ø

Arbeitszeit: 50 Min.
Backzeit: 35 Min.
Bei 6 Personen pro Portion etwa:
545 kcal · 30 g EW · 35 g F · 31 g KH

MACHT WAS HER

1 Den Quark in einem Küchentuch sehr gut ausdrücken und mit dem Mehl, der Butter und Salz mit den Knethaken des Handrührgerätes zu einem geschmeidigen Teig verarbeiten. Den Teig zugedeckt 30 Min. ruhen lassen.

2 Inzwischen die Zwiebeln und den Knoblauch schälen, beides fein hacken. 2 EL Öl in einer breiten Pfanne erhitzen und das Lammhackfleisch mit den Zwiebeln und dem Knoblauch darin 5 Min. dünsten. Beiseite stellen.

3 Die Zucchini und die Paprikaschoten putzen und waschen. Die Paprikaschoten in kleine Würfel schneiden, die Zucchini grob raspeln. Beide Gemüse zum Lammfleisch geben.

4 Den Stielansatz der Tomate entfernen. Die Tomate kurz überbrühen, häuten und entkernen, dann grob zerschneiden und unter Fleisch und Gemüse mischen.

5 Die Rosinen und Pinienkerne zu der Fleisch-Gemüse-Mischung geben. Alles mit Salz, Pfeffer, Kreuzkümmel, Zimt und Zitronenschale kräftig würzen. Zum Schluss den Schafkäse zerbröckeln und untermischen. Den Backofen auf 220° vorheizen und die Form fetten.

6 Den Teig auf wenig Mehl rund ausrollen und in die Form legen. Dabei einen 3 cm hohen Rand formen. Die Lammfleischmischung gleichmäßig auf dem Teig verteilen. Die Quiche im Backofen (Mitte, Umluft 180°) 30 Min. backen. Mit Oregano garniert servieren.

Tipps

Lammhackfleisch wird in immer mehr Supermärkten auch tiefgekühlt angeboten. Wollen Sie es frisch kaufen, lassen Sie sich das Lammfleisch von Ihrem Metzger zeigen, bevor es durchgedreht wird. Das Fleisch sollte dunkelrosa und gut marmoriert und das Fett von weißer Farbe sein.

Getränketipp

Zu dieser Quiche schmeckt Rotwein, z. B. ein Shiraz aus Australien.

Exotische Geflügeltarte

Zutaten für 4–6 Personen:
Für den Mürbeteig:
250 g Mehl · 1 Ei
Salz · 1/4 TL Ingwerpulver
125 g Butter
Für den Belag:
5 EL Öl · 1 TL Currypulver
250 g Hühnerbrustfilet
Salz · 100 g Staudensellerie
1 nussgroßes Stück frischer Ingwer
200 g Physalis (Kapstachelbeeren)
50 g gehackte Mandeln
2 Eier · 250 g Sahne
2 EL Mangochutney (aus dem Glas)
Zitronenpfeffer
Und: 1 feuerfeste Form von 30 cm ø

Arbeitszeit: 1 1/4 Std.
Backzeit: 30 Min.
Pro Portion etwa: 610 kcal ·
18 g EW · 41 g F · 39 g KH

MACHT WAS HER

1 Das Mehl auf die Arbeitsfläche sieben, eine Mulde formen. Ei mit Salz, Ingwer und 1 EL Wasser hineingeben, Butter in Flöckchen auf dem Rand verteilen. Alles mit einem Messer hacken, dann rasch verkneten. Zugedeckt mindestens 30 Min. kühl stellen.

2 3 EL Öl in einer Pfanne erwärmen. Curry einrühren. Hühnerbrustfilets darin von beiden Seiten kräftig anbraten. Dann bei schwacher Hitze 10 Min. weitergaren. Salzen, beiseite stellen.

3 Den Staudensellerie waschen, die Enden abschneiden. Die Stangen quer in feine Streifen schneiden. Ingwer schälen und winzig klein würfeln. Von den Physalis die Hülsen entfernen, die Früchte kurz abbrausen. Die Mandeln in einer Pfanne ohne Fett kurz anrösten. Ingwer und Staudensellerie im restlichen Öl andünsten.

4 Den Ofen auf 200° vorheizen. Für den Guss Eier, Sahne und Mangochutney verrühren.

5 Die Hühnerbrustfilets quer zur Faser in dünne Scheiben schneiden. Den Teig auf wenig Mehl rund ausrollen, die Form damit auslegen. Staudensellerie, Mandeln, Huhn und Physalis darauf verteilen. Mit Salz und Zitronenpfeffer bestreuen. Den Guss darüber gießen. Die Tarte im heißen Backofen (Mitte, Umluft 175°) 30 Min. backen.

Quiche asiatisch

Zutaten für 4 Personen:
Für den Mürbeteig:
200 g Mehl
1 Ei · Salz
100 g Butter
Für den Belag:
250 g Schweinefilet
1 Eiweiß · 1 TL Speisestärke
4 EL Sojasauce
100 g Shiitake-Pilze
1 Stück frischer Ingwer
100 g Mungobohnensprossen
1 getrocknete Chilischote
3 EL Öl
3 Eier
Salz · Pfeffer
2 EL geschälte Sesamsamen
Und: 1 feuerfeste Form von 28 cm ø

Arbeitszeit: 1 Std.
Backzeit: 30 Min.
Pro Portion etwa: 685 kcal ·
26 g EW · 38 g F · 60 g KH

MACHT WAS HER

1 Das Mehl auf die Arbeitsfläche geben, eine Mulde formen. Ei und Salz hineingeben. Die Butter in Flöckchen am Rand verteilen. Alles mit einem Messer durchhacken, dann rasch verkneten. Zugedeckt 30 Min. kühl stellen.

2 Das Schweinefilet zuerst in 1 cm breite Scheiben, dann in feine Streifen schneiden. Eiweiß, Speisestärke und 1 EL Sojasauce verrühren. Mit dem Fleisch vermischen, 10 Min. ziehen lassen.

3 Die Pilze sauber abreiben und in Scheiben schneiden. Den Ingwer schälen, fein hacken. Die Sprossen kalt abbrausen. Die Chilischote fein zerreiben, mit dem Ingwer und Fleisch im Öl unter Rühren kräftig anbraten. Pilze und Sprossen hinzufügen und kurz mitdünsten. Mit 2 EL Sojasauce würzen, beiseite stellen.

4 Den Ofen auf 200° vorheizen. Den Teig auf der bemehlten Arbeitsfläche rund ausrollen, in die Form geben und einen 3 cm hohen Rand formen.

5 Eier und restliche Sojasauce verrühren. Salzen und pfeffern. 1 EL Sesamsamen unterrühren. Die vorbereitete Füllung auf den Teig geben. Mit der Eiersauce übergießen. Die Quiche im Ofen (Mitte, Umluft 175°) 20 Min. backen. Dann mit den restlichen Sesamsamen bestreuen. In weiteren 10 Min. fertig backen.

Lecker zur Quiche asiatisch: Süß-saure Sauce

Für 4 Portionen 1 walnussgroßes Stück Ingwer schälen und fein reiben. 5 Knoblauchzehen schälen und mit dem Ingwer zu einer Paste zerdrücken. 1 Tasse Aprikosenkonfitüre unter die Paste rühren. 5 EL Weißweinessig, 1 EL Zitronensaft und je 1 TL Currypulver und Sojasauce unterrühren.

Putenquiche mit Fenchel

Zutaten für 4–6 Personen:

Für den Quarkteig:
300 g Mehl
125 kalte Butter
125 g Magerquark
1 Prise Salz
je 1 TL getrockneter Oregano und Thymian

Für den Belag:
500 g Putenschnitzel
3 EL Olivenöl
2 Knoblauchzehen
Salz · Pfeffer
1 Prise rosenscharfes Paprikapulver
500 g Fenchel
5 EL trockener Weißwein
2 Eier
300 g Crème fraîche
100 g Comté, frisch gerieben
150 g möglichst kleine schwarze Oliven
Und: 1 feuerfeste Form von 26 cm ø

Arbeitszeit: 45 Min.
Backzeit: 40–45 Min.
Bei 6 Personen pro Portion etwa:
555 kcal · 25 g EW · 36 g F · 32 g KH

PREISWERT

1 Das Mehl in eine Schüssel füllen. Die Butter in kleine Würfel schneiden und mit dem Quark, dem Salz, Oregano und Thymian zum Mehl geben. Mit den Knethaken des Handrührgeräts zu einem geschmeidigen Teig verkneten und 30 Min. kühl stellen.

2 Das Putenfleisch in 2 cm breite, nicht zu lange Streifen schneiden. 2 EL Öl in einer Pfanne erhitzen und die Putenstreifen darin bei mittlerer Hitze 3 Min. braten.

3 Den Knoblauch schälen und zu den Putenstreifen pressen. Alles mit Salz, Pfeffer und Paprika kräftig würzen. Dann die Pfanne vom Herd nehmen.

4 Den Fenchel waschen und putzen, dabei das Grün beiseite stellen. Den Fenchel dann in schmale Streifen schneiden.

5 Die Fenchelstreifen in dem restlichen Olivenöl andünsten, mit Salz und Pfeffer würzen. Den Weißwein dazugeben und den Fenchel zugedeckt bei mittlerer Hitze 5 Min. garen.

6 Den Backofen auf 200° vorheizen. Die Form fetten. Die Eier mit der Crème fraîche und dem Käse verquirlen. Salzen und pfeffern.

7 Den Teig auf wenig Mehl rund ausrollen, in die Form legen und einen 3 cm hohen Rand formen.

8 Den Fenchel unter die Putenstreifen mischen und mit den Oliven auf dem Teigboden verteilen. Mit der Eiermischung übergießen und im Backofen (Mitte, Umluft 180°) 40–45 Min. backen. Die Quiche vor dem Servieren mit Fenchelgrün garnieren.

Tipp

Wer Kalorien sparen möchte, kann fetthaltige Produkte wie Crème fraîche oder Schmand ganz oder teilweise durch saure Sahne ersetzen.

Getränketipp

Ein trockener Weißwein schmeckt natürlich nicht nur in, sondern auch zu der Quiche. Gut eignet sich z. B. ein Entre-deux-Mers.

Lachs-Pie

Zutaten für 6 Personen:

Für den Mürbeteig:

300 g Mehl
1 1/2 TL Salz
1 Ei
125 g kalte Butter

Für die Füllung:

2 Schalotten
1 TL Öl
600 g tiefgekühlter Spinat
Salz
schwarzer Pfeffer
150 g Räucherlachs
3 Frühlingszwiebeln
300 g Crème fraîche
3 Eier
Dillspitzen zum Garnieren
Und: 1 Pieform von 25 cm ø

Arbeitszeit: 1 1/2 Std.
Backzeit: 40 Min.
Pro Portion etwa: 635 kcal · 18 g EW · 43 g F · 46 g KH

BRAUCHT ETWAS ZEIT

Getränketipp

Dazu passt ein kräftiger Weißwein oder ein Rosé.

1 Das Mehl auf die Arbeitsfläche geben, eine Mulde formen. Salz, Ei und 3 EL eiskaltes Wasser hineingeben, Butter in Flöckchen am Rand verteilen. Alles mit einem Messer durchhacken, dann rasch verkneten. Zugedeckt mindestens 1 Std. kühl stellen.

2 Die Schalotten schälen und klein würfeln. Das Öl in einem breiten Topf leicht erhitzen, die Schalotten darin glasig werden lassen. Den Spinat dazugeben und unter häufigem Rühren bei schwacher Hitze zugedeckt auftauen lassen. Dann offen bei starker Hitze einige Minuten köcheln lassen, damit die Feuchtigkeit verdampfen kann. Salzen und pfeffern, abkühlen lassen.

3 Den Backofen auf 200° (Umluft 180°) vorheizen. Die Pieform fetten. Den Teig auf wenig Mehl rund ausrollen, die Form damit auskleiden. Überstehenden Teig abschneiden und beiseite legen.

4 Den Teigrand mit einem schmalen Streifen Alufolie am Rand der Form befestigen. Den Boden mit einer Gabel mehrfach einstechen. Im heißen Backofen (Mitte) etwa 10 Min. vorbacken.

5 Den Lachs klein schneiden. Frühlingszwiebeln putzen, waschen, in feine Ringe schneiden. Beides zum Spinat geben. Den abgeschnittenen Teig erneut dünn ausrollen, 1 cm breite Streifen mit einem Teigrädchen ausschneiden. Mit einem Ausstecher ein rundes Teigstück ausstechen.

6 Die Pie aus dem Backofen nehmen, die Alufolie entfernen. Die Spinatmischung auf den Teig geben. Die Crème fraîche mit 2 Eiern, Salz und Pfeffer verquirlen und darüber träufeln. Mit den Teigstreifen in einem Gittermuster belegen.

7 Dann das dritte Ei verquirlen, den Kuchen damit bestreichen und ihn im Backofen noch 30 Min. backen. Die Lachs-Pie mit Dillspitzen garniert servieren.

Tipps

Mürbeteig muss gekühlt werden, darf aber nicht zu fest werden, damit er noch geschmeidig genug ist, um sich gut ausrollen zu lassen. Je länger er im Kühlschrank ist, desto fester wird er. Wenn Sie Mürbeteig Stunden vor dem Belegen und Backen vorbereiten wollen, machen Sie das am besten so: Sie rollen ihn gleich zwischen zwei Lagen Klarsichtfolie aus, legen ihn in die Form legen und stellen ihn so kühl. Oder Sie müssen ihn vor dem Ausrollen noch einmal kräftig durchkneten, bis er geschmeidig genug ist.
Statt Räucherlachs können Sie für die Füllung auch Nordseekrabben oder mild geräucherten Schinken nehmen. Wer die Pie mit frischem Spinat zubereiten möchte, braucht gut 1 kg feinen Blattspinat. Diesen in kochendem Salzwasser 1 Min. blanchieren, kalt abschrecken und gut abtropfen lassen. Den Spinat dann mit den Schalotten andünsten und die Flüssigkeit verdampfen lassen.

Kartoffelpizza mit mariniertem Heilbutt

Zutaten für 4–6 Personen:
600 g Heilbuttfilet
Salz · Pfeffer
Cayennepfeffer
6 EL Olivenöl
4 EL Zitronensaft
2 Knoblauchzehen
je 1 Bund Dill, Petersilie und Kerbel
1,5 kg mehlig kochende Kartoffeln
1 Ei
1 Eigelb
1 EL Speisestärke
800 g Eiertomaten
250 g Mozzarella
100 g Parmesan, frisch gerieben
Dillspitzen zum Garnieren
Und: 1 Backblech

Arbeitszeit: 1 Std.
Backzeit: 1 Std.
Bei 6 Personen pro Portion etwa:
580 kcal · 43 g EW · 27 g F · 42 g KH

FÜR DIE GROSSE RUNDE

Getränketipp
Dazu passt am besten ein kühles Bier.

1 Das Fischfilet kalt abspülen, trockentupfen und in kleine Stücke schneiden. Die Fischstücke mit Salz, Pfeffer und 3–4 Prisen Cayennepfeffer würzen. 4 EL Öl mit dem Zitronensaft verrühren. Den Knoblauch schälen und dazudrücken. Die Kräuter abspülen, die Blättchen fein hacken. Die Fischstücke mit den Kräutern und der Ölmarinade mischen, zugedeckt zur Seite stellen.

2 Die Kartoffeln waschen und mit Wasser und etwas Salz bei mittlerer Hitze zugedeckt in 30 Min. weich kochen. Das Wasser abgießen, die Kartoffeln noch heiß schälen und sofort durch die Kartoffelpresse drücken. Mit etwas Salz, dem Ei, Eigelb und der Speisestärke verkneten.

3 Den Backofen auf 225° (Umluft 200°) vorheizen. Das Backblech mit dem restlichen Olivenöl bestreichen, die Kartoffelmasse gleichmäßig darauf verteilen und andrücken.

4 Den Kartoffelteig im heißen Backofen (Mitte) 25 Min. vorbacken. Inzwischen die Tomaten waschen und in Scheiben schneiden. Den Mozzarella in kleine Würfel schneiden.

5 Das Blech herausnehmen, den Teig mit den Tomatenscheiben belegen, pfeffern und leicht salzen. Die Heilbuttstücke auf den Tomaten verteilen und die Mozzarellawürfel dazwischen legen.

6 Die Pizza mit dem Parmesan bestreuen und mit der Fischmarinade beträufeln. Die Temperatur auf 200° (Umluft 180°) herunterschalten und die Pizza im Ofen (Mitte) weitere 35 Min. backen. Falls sie zu schnell braun wird, mit Alufolie abdecken. Die Pizza mit Dillspitzen garniert servieren.

Tipps

Wenn Sie eine größere Einladung planen, können Sie gut die doppelte Menge der Kartoffelpizza vorbereiten. Dann nacheinander zwei Pizzen backen. Servieren Sie dazu eine große Schüssel gemischten Salat und fertig ist ein tolles und unkompliziertes Gästeessen. Kartoffeln sollten Sie immer mit der Kartoffelpresse oder dem Kartoffelstampfer zerkleinern und keinesfalls pürieren. Sie werden dabei nämlich zäh wie Kleister.
Falls die Kartoffelmasse sehr weich ist – das hängt vor allem vom Stärkegehalt der Kartoffeln ab – können Sie noch ein wenig Mehl mit unter die Kartoffelmasse mischen.
Wer nicht so gerne Fisch mag, ersetzt ihn durch sehr fein geschnittenes Kalbfleisch, Huhn oder Pute. Diese wie den Fisch marinieren und verwenden.

Garnelenquiche mit Currysahne

Zutaten für 4 Personen:

Für den Mürbeteig:

100 g Butter
5 EL Weißwein
200 g Mehl
1 TL Salz

Für den Belag:

250 g geschälte rohe Tiefseegarnelen
2 EL Zitronensaft
1 Bund Petersilie
1 kleines Bund Koriandergrün
Salz · Pfeffer
2 Schalotten
1 EL Butter
2 Eier
1 gehäufter EL Currypulver
250 g Sahne
Und: 1 feuerfeste Form von 26 cm ø

Arbeitszeit: 50 Min.
Backzeit: 30 Min.
Pro Portion etwa: 665 kcal · 23 g EW · 43 g F · 45 g KH

MACHT WAS HER

Getränketipp

Zu dieser exotisch gewürzten Quiche kann man sich ein kühles Bier schmecken lassen oder auch ein Gläschen Sekt.

1 Die Butter in einem kleinen Topf bei schwacher Hitze schmelzen. Den Topf vom Herd nehmen und den Weißwein dazugießen. Das Mehl und das Salz untermischen und alles mit den Knethaken des Handrührgerätes zu einem geschmeidigen Teig verarbeiten. Den Teig zugedeckt mindestens 30 Min. kühl stellen.

2 Inzwischen die Tiefseegarnelen in eine Schüssel geben und mit dem Zitronensaft beträufeln. Die Petersilie und den Koriander waschen, trockenschütteln, einige Blättchen beiseite legen, den Rest fein hacken. Beides zu den Garnelen geben, mit Salz und Pfeffer würzen und gut mischen.

3 Die Schalotten schälen und fein hacken. Die Butter in einer Pfanne erhitzen und die Schalotten darin glasig dünsten. Vom Herd nehmen. Die Eier in eine Schüssel aufschlagen, den Curry und die Sahne dazugeben, gut verrühren und mit Salz und Pfeffer würzen. Den Backofen auf 200° vorheizen.

4 Den Teig auf wenig Mehl rund ausrollen, in die Form legen und einen 3 cm hohen Rand formen. Die Garnelen und die Schalotten darauf verteilen und mit der Eiermischung übergießen. Im heißen Ofen (Mitte, Umluft 180°) 30 Min. backen. Mit den übrigen Kräuterblättchen garnieren.

Variante

Dass Garnelen nicht nur gut mit Curry, sondern auch mit Safran harmonieren, beweist die Garnelenquiche mit Safran. Für 1 feuerfeste Form von 26 cm Durchmesser einen Mürbeteig wie im nebenstehenden Rezept beschrieben zubereiten und kühl stellen. 250 g geschälte rohe Tiefseegarnelen mit 2 EL Zitronensaft beträufeln. 1 Bund Dill waschen. Die Blättchen abzupfen, fein hacken und mit den Garnelen vermischen. Die Garnelen zugedeckt kühl stellen. 2 Schalotten schälen, fein hacken und in 1 EL Butter weich dünsten. Vom Herd nehmen und abkühlen lassen. 2 Eier verquirlen, 1 Döschen Safranpulver unterrühren. Mit Salz und Pfeffer würzen. 250 g Sahne und die abgekühlten Schalotten unterrühren. Den Backofen auf 200° vorheizen. Den Teig auf wenig Mehl rund ausrollen, in die Form legen, dabei einen 2 cm hohen Rand formen. Die Garnelen darauf verteilen und mit der Eiermischung übergießen. Die Quiche im Ofen (Mitte, Umluft 180°) 30 Min. backen.

Lauch-Apfel-Quiche

Zutaten für 4 Personen:
3 Scheiben TK-Blätterteig (225 g)
600 g zarter Lauch · 2 EL Butter
1 Knoblauchzehe
Salz · Pfeffer
2 kleine säuerliche Äpfel
2 EL Zitronensaft
100 g Bergkäse, frisch gerieben
3 Eier · 250 g Sahne
3 EL Sonnenblumenkerne
Und: 1 feuerfeste Form von 24 cm ø

Arbeitszeit: 30 Min.
Backzeit: 30 Min.
Pro Portion etwa: 755 kcal ·
19 g EW · 55 g F · 49 g KH

PREISWERT

1 Die Teigscheiben nebeneinander auftauen lassen. Den Lauch putzen, längs aufschlitzen und waschen. Dann streifig schneiden und in der Butter andünsten. Knoblauch schälen und dazupressen. Salzen, pfeffern und bei schwacher Hitze 5 Min. garen.

2 Den Ofen auf 200° vorheizen. Die Teigscheiben leicht überlappend auf wenig Mehl rund ausrollen. Die Form kalt ausspülen, nicht abtrocknen, mit dem Teig auslegen. Überstehenden Teig abschneiden.

3 Die Äpfel vierteln, schälen und entkernen. Die Viertel quer in Spalten schneiden, mit Zitronensaft beträufeln. Mit dem Lauch mischen, auf den Teig geben.

4 Käse, Eier und Sahne verquirlen, über den Lauch träufeln. Die Sonnenblumenkerne aufstreuen. Die Quiche im Ofen (Mitte, Umluft 180°) 30 Min. backen.

Ruckzuck in den Ofen

Möhren-Lauch-Tarte

Zutaten für 4 Personen:
500 g Möhren · 250 g Lauch
Salz
230 g Blätterteig (32 cm ø; aus dem Kühlregal)
Pfeffer
1 Prise Cayennepfeffer
200 g Sahne
3 Eier
2 EL Pinienkerne
Und: 1 feuerfeste Form von 26 cm ø

Arbeitszeit: 30 Min.
Backzeit: 20 Min.
Pro Portion etwa: 510 kcal · 12 g EW · 39 g F · 28 g KH

GELINGT LEICHT

1 Die Möhren schälen und in dünne Scheiben hobeln. Den Lauch putzen, waschen und schräg in schmale Ringe schneiden. In kochendem Salzwasser die Möhren 4 Min. und die Lauchringe 1 Min. blanchieren, eiskalt abschrecken und in einem Sieb gut abtropfen lassen.

2 Den Backofen auf 200° vorheizen. Die Form kalt ausspülen, nicht abtrocknen. Den Blätterteig in die Form legen, das Backpapier abziehen und einen Rand von etwa 3 cm formen.

3 Die Möhren mit dem Lauch mischen, mit Salz, Pfeffer und Cayennepfeffer würzen und auf dem Teig verteilen. Die Sahne mit den Eiern verrühren, würzen und darüber gießen. Mit den Pinienkernen bestreuen. Die Tarte im heißen Backofen (Mitte, Umluft 180°) 20 Min. backen.

Tipp
Wenn Sie die Tarte etwas deftiger möchten, geben Sie 100 g gekochten Schinken in kleinen Würfeln unter die Möhren-Lauch-Mischung.

Tomaten-Nuss-Tarte

Zutaten für 4 Personen:
1 Packung Pizzateig (400 g; aus dem Kühlregal)
2 Eiweiße
Salz
60 g gemahlene Walnüsse
4 Zweige frischer Oregano
500 g Eiertomaten
2 EL Olivenöl
2 EL Aceto balsamico
20 g Walnusskerne
Und: 1 feuerfeste Form von 26 cm ø

Arbeitszeit: 25 Min.
Backzeit: 25-30 Min.
Pro Portion etwa: 470 kcal · 13 g EW · 24 g F · 50 g KH

PREISWERT

1 Den Backofen auf 175° (Umluft 155°) vorheizen. Den Teig auf wenig Mehl rund ausrollen und in die Form legen, dabei einen 1 cm hohen Rand formen.

2 Die Eiweiße mit 1 Prise Salz steif schlagen, die Nüsse unterheben. Den Oregano waschen, einige Blättchen beiseite legen. Die restlichen Blättchen fein hacken und unter die Eiweiße heben.

3 Die Tomaten waschen und in 1 cm dicke Scheiben schneiden. Mit dem Olivenöl und Essig vermischen. Die Eiweißmasse auf den Teig geben. Mit den Tomatenscheiben belegen. Die Walnusskerne grob hacken und auf die Tomaten streuen.

4 Die Tarte im heißen Backofen (Mitte) 25 Min. backen. Mit den restlichen Oreganoblättchen garniert servieren.

Variante:
Statt der Eiweißmasse können Sie auch 3 EL Semmelbrösel mit 1 durchgepressten Knoblauchzehe und 2 EL geriebenem Parmesan vermischen. 2 EL Olivenöl dazurühren, mit Salz abschmecken.

Tipp
Sollten Sie keinen frischen Oregano bekommen, ersetzen Sie ihn einfach durch $1/2$-1 TL getrockneten. Noch feiner schmeckt die Tarte übrigens, wenn Sie noch 50 g gemahlene Walnüsse unter den Pizzateig kneten.

Lecker zur Tomaten-Nuss-Tarte: Gurkenjoghurt

Für 4 Portionen ½ Salatgurke schälen und grob raspeln. Mit 1 TL Salz vermischen und 10 Minuten ziehen lassen. Gut ausdrücken und mit 500 g griechischem Sahnejoghurt vermischen. Mit Salz und Pfeffer abschmecken. Einige Minzeblättchen fein hacken und unterrühren. Vor dem Servieren kühl stellen.

Zutaten für 4 Personen:
2 Schalotten
1 Knoblauchzehe
200 g schwarze Oliven
2 EL Aceto balsamico
3 EL Olivenöl
1 EL Orangenmarmelade
Salz · schwarzer Pfeffer
2 Fleischtomaten
1 eingelegte Peperoni
300 g Schafkäse
230 g Pizzateig (32 cm ø; aus dem Kühlregal)
Minzeblättchen zum Garnieren
Und: 1 feuerfeste Form von 30 cm ø

Arbeitszeit: 20 Min.
Backzeit: 20–25 Min.
Pro Portion etwa: 460 kcal · 19 g EW · 29 g F · 32 g KH

GELINGT LEICHT

Pizza mit Schafkäse

1 Für den Belag die Schalotten schälen und klein würfeln. Knoblauch schälen. Die Oliven klein schneiden, dabei vom Stein befreien. Die Schalotten mit den Oliven, dem Essig, 2 EL Olivenöl und der Orangenmarmelade in einen Topf geben. Den Knoblauch dazudrücken. Alles bei schwacher Hitze 10 Min. köcheln lassen. Ab und zu umrühren. Mit Salz und Pfeffer abschmecken.

2 Die Stielansätze der Tomaten entfernen. Die Tomaten kurz überbrühen, häuten und vierteln, in 1 cm große Würfel schneiden.

3 Die Peperoni in Scheiben schneiden. Den Schafkäse in 1 cm große Würfel schneiden.

4 Den Backofen auf 220° vorheizen. Die Backform fetten. Den Teig in die Form legen, das Backpapier abziehen. Den Rand etwas dicker formen. Die Olivenmasse auf den ausgerollten Teig geben. Die Tomatenwürfel, Schafkäsewürfel und Peperoni darauf verteilen. Mit dem übrigen Olivenöl beträufeln. Im Backofen (Mitte, Umluft 200°) 20–25 Min. backen. Vor dem Servieren mit Minzeblättchen garnieren.

Zutaten für 4 Personen:
4 Scheiben TK-Hefeteig (etwa 450 g)
1 große Dose Tomaten (800 g)
4 Sardellenfilets
125 g grüne paprikagefüllte Oliven
100 g gekochter Schinken in dünnen Scheiben
125 g Champignons
250 g Mozzarella
Salz · schwarzer Pfeffer
2 TL getrockneter Oregano
4 EL Olivenöl
Und: 4 Pizzaformen von je 20 cm ø

Arbeitszeit: 30 Min.
Backzeit: 15 Min.
Pro Portion etwa: 710 kcal · 31 g EW · 36 g F · 66 g KH

GELINGT LEICHT

Pizza Capricciosa

1 Den Hefeteig nach Packungsanweisung auftauen und gehen lassen. Den Backofen auf 225° vorheizen. Die Pizzaformen mit Öl ausstreichen.

2 Inzwischen die Tomaten abtropfen lassen. Die Sardellenfilets kalt abspülen, abtrocknen und in feine Streifen schneiden. Die Oliven halbieren. Den Schinken in schmale Streifen schneiden. Die Champignons sauber abreiben, putzen und in Scheiben schneiden. Den Mozzarella in dünne Scheiben schneiden.

3 Jede Teigscheibe auf wenig Mehl rund ausrollen und in die Formen legen. Die Tomaten mit einer Gabel zerdrücken und auf den Pizzaböden verteilen. Dabei einen 2 cm breiten Rand frei lassen. Mit Salz, Pfeffer und Oregano würzen.

4 Sardellen, Oliven, Schinken und Champignons auf den Pizzaböden verteilen. Den Mozzarella auf die Pizzen legen, diese mit Olivenöl beträufeln. Nacheinander je 2 Pizzen im Ofen (unten, Umluft 200°) 15 Min. backen.

> **Tipp**
> »Die Übermütige« heißt diese Pizza, und sie wird, ganz nach Lust, Laune und Geschmack, immer wieder anders belegt. Sie können sie auch auf einem Backblech zubereiten und somit alle Portionen auf einmal backen.

Lecker zur Pizza Capricciosa: Spinatsalat

Für 4 Portionen 250 g Spinat waschen, von den Blattstielen befreien und in feine Streifen schneiden. 2 Schalotten schälen und in dünne Ringe schneiden. Den Spinat mit den Schalotten mischen. Für das Dressing je 3 EL Olivenöl, Sahne und Zitronensaft glatt rühren. Mit Salz und Pfeffer würzen. Das Dressing über den Spinat träufeln.

Quiche mit Lyoner und Tomaten

Zutaten für 4–6 Personen:
2 Zwiebeln
1 EL Butter
1 Bund Schnittlauch
500 g Tomaten
300 g Lyoner
150 g Sahne
2 Eier
100 g Comté oder Pecorino, frisch gerieben
Salz · Pfeffer
230 g Blätterteig (32 ø; aus dem Kühlregal)
Und: 1 feuerfeste Form von 26 cm ø

Arbeitszeit: 30 Min.
Backzeit: 35 Min.
Bei 6 Personen pro Portion etwa:
500 kcal · 17 g EW · 41 g F · 16 g KH

SCHMECKT AUCH KALT

1 Die Zwiebeln schälen und fein hacken. Die Butter in einer Pfanne erhitzen und die Zwiebeln darin glasig dünsten, abkühlen lassen. Den Schnittlauch waschen und in feine Röllchen schneiden.

2 Die Stielansätze der Tomaten entfernen. Die Tomaten kurz überbrühen, häuten und achteln, dann entkernen. Die Lyoner schälen und klein würfeln. Sahne, Eier und Käse verrühren. Salzen und pfeffern. Die Zwiebeln und den Schnittlauch dazugeben.

3 Den Backofen auf 200° vorheizen. Den Teig in die Form legen, dabei das Backpapier entfernen, und einen Rand von 3 cm formen.

4 Die Tomatenachtel auf den Teigboden legen, mit Salz und Pfeffer würzen und die Lyonerwürfel dazwischen streuen.

5 Den Belag mit der Eiermischung übergießen und die Quiche im Backofen (Mitte, Umluft 200°) 35 Min. backen. Vor dem Anschneiden kurz ruhen lassen.

Herzhafte Maisquiche

Zutaten für 4 Personen:
5 Scheiben TK-Blätterteig (300 g)
1 Zwiebel
1 EL Öl
250 g gemischtes Hackfleisch
Salz · Pfeffer
1 Prise Cayennepfeffer
1 Knoblauchzehe
je 1 rote und grüne Paprikaschote
1 Dose Mais (400 g)
100 g Gouda, frisch gerieben
2 Eier
Und: 1 feuerfeste Form von 26 cm ø

Arbeitszeit: 30 Min.
Backzeit: 35 Min.
Pro Portion etwa: 750 kcal · 26 g EW · 49 g F · 53 g KH

PREISWERT

1 Die Blätterteigscheiben nebeneinander legen und zugedeckt auftauen lassen.

2 Die Zwiebel schälen, fein hacken und im Öl andünsten. Das Hackfleisch dazugeben und bei mittlerer Hitze krümelig braten. Mit Salz, Pfeffer und Cayennepfeffer würzen. Den Knoblauch schälen und dazupressen. Vom Herd nehmen.

3 Die Paprikaschoten waschen, halbieren, putzen und klein würfeln. Mit dem abgetropften Mais und Hackfleisch mischen.

4 Den Ofen auf 200° vorheizen. Die Form kalt ausspülen, nicht abtrocknen.

5 Die Blätterteigscheiben leicht überlappend auf der bemehlten Arbeitsfläche in Größe der Form ausrollen. In die Form legen und einen 3 cm hohen Rand formen.

6 Die Hackfleischmischung gleichmäßig auf dem Teig verteilen. Den Gouda mit den Eiern verquirlen und über die Hackfleischmischung gießen. Die Quiche im heißen Backofen (Mitte, Umluft 180°) 35 Min. backen.

Lecker zur Maisquiche: Gekochte Chilisauce

Für 4 Portionen 1 frische Chilischote entkernen und fein hacken. 1 kleine Zwiebel schälen, fein hacken und in 1 2 EL Öl andünsten. 1 Knoblauchzehe dazupressen. 1 Dose Tomaten (400 g) und die Chilischote untermischen. Zugedeckt 15 Minuten einköcheln lassen. Mit Salz und Pfeffer abschmecken. 1 Bund Petersilie fein hacken und untermischen. Kalt servieren.

Zwiebelpizza

Zutaten für 2–4 Personen:
250 g weiße Zwiebeln
100 g Pecorino
1 Packung Pizzateig (400 g; aus dem Kühlregal)
4 EL Olivenöl
1 TL getrockneter Oregano
Salz
schwarzer Pfeffer
Oreganoblättchen und -blüten zum Garnieren (nach Belieben)
Und: 1 Pizzaform von 28 cm ø

Arbeitszeit: 20 Min.
Backzeit: 20–25 Min.
Bei 4 Personen pro Portion etwa:
460 kcal · 17 g EW · 23 g F · 46 g KH

GELINGT LEICHT

Getränketipp
Dazu schmeckt ein kräftiger Rotwein, z. B. ein Corvo aus Sizilien.

1 Für den Belag die Zwiebeln schälen und in sehr feine Scheiben schneiden oder hobeln, die Scheiben in Ringe zerteilen. Den Käse reiben.

2 Den Backofen auf 225° vorheizen. Die Form fetten.

3 Den Pizzateig auf der vorbereiteten Pizzaform mit bemehlten Händen gleichmäßig verteilen. Den Rand etwas dicker formen.

4 Den Teig mit etwas Olivenöl bestreichen, die Zwiebeln darauf verteilen. Den Käse, den Oregano, Salz und Pfeffer aufstreuen und das restliche Öl darüber verteilen.

5 Die Pizza im Ofen (unten, Umluft 200°) 25 Min. backen. Falls der Käse zu schnell bräunt, mit Alufolie abdecken. Die Pizza nach Belieben mit Oreganoblättchen und -blüten garnieren.

Variante
Die französische Variante dieser Pizza heißt Pissaladière und wird so gemacht: Für 4 Portionen 1 kg feste Tomaten überbrühen und häuten, dabei die Stielansätze entfernen. Die Tomaten klein würfeln. 500 g Zwiebeln und 2 Knoblauchzehen schälen und ebenfalls klein würfeln. 2 EL Olivenöl in einem Topf erhitzen. Tomaten, Zwiebeln und Knoblauch darin unter Rühren in 5 Min. etwas einkochen lassen. Den Backofen auf 225° vorheizen. Ein Backblech fetten. 2 Packungen Pizzateig (800 g; aus dem Kühlregal) auf wenig Mehl ausrollen. Das Blech damit belegen. Den Rand etwas dicker formen. Die Tomatenmasse darauf verteilen. 8 Sardellenfilets in Öl längs halbieren und als Gittermuster auf die Tomaten legen. 12 kleine schwarze Oliven dazwischen verteilen. Die Pissaladière im Ofen (Mitte, Umluft 200°) 25 Min. backen.

Erdnussquiche mit Pute

Zutaten für 4–6 Personen:
- 250 g Putenschnitzel
- 1 Stange Lauch (250 g)
- 250 g Möhren
- 1 grüne Chilischote
- 2 EL Erdnussöl
- 1 EL Sojasauce
- 1 Packung Pizzateig (400 g; aus dem Kühlregal)
- Salz
- Cayennepfeffer
- 50 g geröstete Erdnusskerne
- 2 Eier
- 100 g Doppelrahm-Frischkäse
- 150 g Sahne
- Und: 1 feuerfeste Form von 28 cm ø

Arbeitszeit: 30 Min
Backzeit: 35 Min.
Bei 6 Personen pro Portion etwa:
480 kcal · 22 g EW · 29 g F · 34 g KH

PREISWERT

1 Die Putenschnitzel in Streifen schneiden. Den Lauch putzen, längs aufschlitzen und gründlich waschen. Danach quer in Streifen schneiden. Die Möhren waschen, schälen und klein würfeln. Die Chilischote längs halbieren, von den Trennwänden befreien, waschen und streifig schneiden.

2 Die Putenstreifen im Ernussöl kräftig anbraten. Herausnehmen, mit Sojasauce beträufeln, zugedeckt ziehen lassen. Die Möhren in kochendem Salzwasser 1 Min. blanchieren. Lauch dazugeben und 1 Min. mitblanchieren. Abtropfen lassen und mit dem Fleisch und den Chilis mischen.

3 Den Backofen auf 200° vorheizen. Den Teig auf wenig Mehl rund ausrollen und die Form damit auskleiden. Die Fleisch-Gemüse-Mischung auf dem Teigboden verteilen. Mit Salz und Cayennepfeffer würzen.

4 Die Erdnusskerne grob hacken. Die Eier mit Frischkäse und Sahne cremig rühren. Die Erdnüsse unterheben. Mit Salz und Cayennepfeffer abschmecken.

5 Dann die Eiersahne über die Fleisch-Gemüse-Mischung gießen. Die Quiche im Backofen (Mitte, Umluft 175°) 35 Min. backen.

Hähnchen-Tomaten-Quiche

Zutaten für 4 Personen:
- 3 Scheiben TK-Blätterteig (180 g)
- 2 Fleischtomaten
- 2 Frühlingszwiebeln
- 1 gegrilltes Hähnchen
- 4 Eier · 200 ml Milch
- 200 g Sahne
- Salz · schwarzer Pfeffer
- 1 TL Korianderpulver
- Und: 1 Quichform von 24 cm ø

Arbeitszeit: 30 Min.
Backzeit: 30 Min.
Pro Portion etwa: 740 kcal · 35 g EW · 54 g F · 30 g KH

GELINGT LEICHT

1 Die Teigplatten nebeneinander auftauen lassen. Die Tomaten häuten und vierteln. Dann entkernen und klein würfeln. Frühlingszwiebeln putzen, waschen und in schmale Ringe schneiden. Das Hähnchenfleisch von Haut und Knochen befreien und würfeln.

2 Den Backofen auf 200° vorheizen. Die Blätterteigplatten aufeinander legen und auf wenig Mehl ausrollen. Die Form kalt ausspülen, nicht abtrocknen und mit dem Teig auskleiden, überstehenden Teig abschneiden.

3 Tomaten, Frühlingszwiebeln und Hähnchenfleisch auf den Teig geben. Eier, Milch und Sahne verquirlen, mit Salz, Pfeffer und Koriander würzen und darüber verteilen. Die Quiche im Ofen (Mitte, Umluft 180°) 30 Min. backen.

Lecker zur Hähnchen-Tomaten-Quiche: Kalte Tomatensauce

Für 4 Portionen 500 g Fleischtomaten überbrühen, häuten, entkernen und fein hacken. Mit Salz und Pfeffer würzen. 1 EL Rotweinessig und 2 EL Olivenöl unterrühren. 2 Knoblauchzehen schälen und dazupressen. 1 Bund Basilikum waschen. Die Blättchen von den Stängeln zupfen, grob hacken und unter die Sauce mischen.

Heilbuttquiche mit Basilikumsauce

Zutaten für 4–6 Personen:
Für die Quiche:
5 Scheiben TK-Blätterteig (300 g)
500 g geräucherte Heilbuttkoteletts
2 EL Zitronensaft
Pfeffer · Cayennepfeffer
Salz · ⅛ l Milch
4 Eier
150 g Crème fraîche
Muskatnuss, frisch gerieben
Für die Sauce:
2 Bund Basilikum
2 EL Zitronensaft
¼ TL Zucker
1 TL mittelscharfer Senf
Salz · Pfeffer
200 g Joghurt
Basilikumblättchen zum Garnieren
Und: 1 feuerfeste Form von 24 cm ø

Arbeitszeit: 30 Min.
Backzeit: 45 Min.
Bei 6 Personen pro Portion etwa:
545 kcal · 27 g EW · 35 g F · 27 g KH

MACHT WAS HER

1 Die Blätterteigplatten nebeneinander legen und zugedeckt auftauen lassen. Die Haut vom Heilbutt ablösen, die Gräten herauslösen, dann das Fischfleisch zerpflücken und mit Zitronensaft, Pfeffer und etwas Cayennepfeffer würzen. Eventuell leicht salzen. Den Backofen auf 180° vorheizen.

2 Die Milch mit den Eiern und der Crème fraîche verquirlen, mit Muskat, etwas Salz und Pfeffer abschmecken.

3 Die Form kalt ausspülen, aber nicht abtrocknen. Den Teig leicht überlappend auf wenig Mehl ausrollen. In die Form legen, dabei einen 2–3 cm hohen Rand andrücken.

4 Den Heilbutt auf dem Teig verteilen und mit der Eiermischung begießen. Die Quiche im heißen Backofen (Mitte, Umluft 160°) in 45 Min. goldgelb backen.

5 Für die Sauce Basilikum kurz abspülen, Blättchen abzupfen und mit dem Zitronensaft, Zucker, Senf, Salz und Pfeffer im Blitzhacker pürieren. Den Joghurt unterziehen und die Sauce in kleine Schälchen verteilen. Mit je 1 Basilikumblättchen garnieren und zur Quiche servieren.

Tipps

Blätterteig soll beim Backen so richtig schön locker aufgehen, damit Kuchen – ob salzig oder süß – wirklich gut schmecken. Besonders gut gelingen Blätterteigkuchen in einer Pizzaform mit gelochtem Boden, denn darin bekommt der empfindliche Teig auch von unten genug Luft und damit Auftrieb.
Sollten Sie keinen frischen Basilikum bekommen, können Sie ihn durch zwei Päckchen tiefgekühlten Basilikum ersetzen. Oder auch einmal mit anderen Kräutern experimentieren: z. B. Petersilie. Hier sollten Sie beim Einkauf der glatten Petersilie den Vorzug geben: Sie schmeckt viel aromatischer als die krause.

Getränketipp

Dazu passt ein harmonischer Weißwein, z. B. ein Sauvignon.

Kabeljauquiche mit Dillcreme

Zutaten für 4–6 Personen:
300 g tiefgekühlter Blattspinat
1 Zwiebel
2 EL Butter
1 Knoblauchzehe
Salz · Pfeffer
Muskatnuss, frisch gerieben
500 g Kabeljaufilet
2 EL Zitronensaft
2 Bund Dill
250 g Crème fraîche
2 Eier
1 Packung Pizzateig (400g; aus dem Kühlregal)
Dillblüten zum Garnieren (nach Belieben)
Und: 1 feuerfeste Form von 26 cm ø

Arbeitszeit: 30 Min.
Backzeit: 30 Min.
Bei 6 Personen pro Portion etwa:
460 kcal · 24 g EW · 26 g F · 33 g KH

GELINGT LEICHT

1 Den tiefgekühlten Spinat antauen lassen. Die Zwiebel schälen und fein hacken. Die Butter in einem breiten Topf schmelzen, die Zwiebel darin glasig dünsten. Den Knoblauch schälen und dazupressen. Den Spinat bei mittlerer Hitze 5 Min. mitdünsten. Mit Salz, Pfeffer und Muskat würzen.

2 Den Kabeljau kalt abspülen, trockentupfen und in Stücke schneiden. Mit Zitronensaft beträufeln, salzen und pfeffern. Den Dill waschen, die Blättchen abzupfen und fein hacken. Die Crème fraîche mit den Eiern und dem Dill verrühren, mit Salz und Pfeffer würzen. Den Backofen auf 200° vorheizen. Die Form fetten.

3 Den Teig auf wenig Mehl rund ausrollen, in die Form legen und einen Rand von 3 cm formen. Den Spinat abtropfen lassen und darauf verteilen, mit dem Kabeljau belegen und mit der Dillcreme bedecken. Im heißen Ofen (Mitte, Umluft 180°) 30 Min. backen. Nach Belieben mit Dillblüten garniert servieren.

Tipp

Anstelle des Kabeljaus können Sie auch andere Fischsorten verwenden. Für eine vegetarische Variante nehmen Sie die doppelte Menge Spinat und mischen noch 100 g fein geriebenen Appenzeller unter die Dillcreme.

Lachs-Spargel-Quiche

Zutaten für 4–6 Personen:
5 Scheiben TK-Blätterteig (300 g)
250 g grüner Spargel
250 g weißer Spargel · Salz
1 TL Zucker · 1 TL Butter
150 g frischer Lachs oder Räucherlachs
je 1 Bund Dill und Petersilie
1 EL Zitronensaft
weißer Pfeffer · 4 Eier
100 g Sahne
100 g Crème fraîche
Und: 1 feuerfeste Form von 26 cm ø

Arbeitszeit: 30 Min.
Backzeit: 45 Min.
Bei 6 Personen pro Portion etwa:
470 kcal · 14 g EW · 35 g F · 27 g KH

MACHT WAS HER

1 Die Blätterteigscheiben nebeneinander zugedeckt auftauen lassen. Den grünen Spargel nur am unteren Drittel schälen, die weißen Spargelstangen ganz schälen. Beide Spargelsorten waschen und in etwa 3 cm lange Stücke schneiden.

2 Reichlich Salzwasser zum Kochen bringen, mit dem Zucker und der Butter würzen. Weißen Spargel im kochenden Salzwasser 5 Min. blanchieren, dann den grünen Spargel dazugeben und alles weitere 3 Min. blanchieren. Kalt abschrecken und in einem Sieb sehr gut abtropfen lassen.

3 Den Lachs in dünne Streifen schneiden. Dill und Petersilie fein hacken. Den Lachs mit Zitronensaft, Pfeffer und Kräutern würzen, alles gut durchmischen. Den Backofen auf 180° vorheizen.

4 Die Eier mit Sahne und Crème fraîche verquirlen, mit etwas Salz und Pfeffer würzen. Den Blätterteig auf wenig Mehl rund ausrollen. In die kalt ausgespülte Form legen und einen etwa 2 cm hohen Rand andrücken. Den Spargel und Lachs auf dem Teig verteilen und mit der Eiersahne begießen. Die Quiche im heißen Ofen (Mitte, Umluft 160°) 45 Min. backen.

Lecker zur Lachs-Spargel-Quiche: Meerrettichsauce

Für 4 Portionen 300 g Naturjoghurt und 1 TL mittelscharfen Senf gründlich verrühren. 200 g geriebenen Meerrettich (aus dem Glas) unterrühren. Die Sauce mit Salz und Pfeffer abschmecken.

Feine Forellenquiche

Zutaten für 4–6 Personen:
- 1/4 l Milch
- 2–3 geräucherte Forellenfilets mit Haut (350 g)
- 1 Bund Frühlingszwiebeln
- 150 g Crème fraîche
- 2 Eigelbe
- Salz · weißer Pfeffer
- Muskatnuss, frisch gerieben
- 1 Packung Pizzateig (400 g; aus dem Kühlregal)
- 20 g Butter
- Und: 1 feuerfeste Form von 26 cm ø

Arbeitszeit: 20 Min.
Backzeit: 25 Min.
Bei 6 Personen pro Portion etwa: 440 kcal · 21 g EW · 23 g F · 31 g KH

SCHMECKT AUCH KALT

1 Die Milch in einen Topf geben und erwärmen. Die Forellenfilets mit der Haut darin kurz aufkochen lassen, dann 5 Min. darin ziehen lassen. Herausnehmen, die Haut abziehen und die Filets in Stücke schneiden. Die Garflüssigkeit durch ein Sieb geben.

2 Die Frühlingszwiebeln putzen, gründlich waschen und mit dem Grün in dünne Ringe schneiden.

3 Den Ofen auf 200° vorheizen. Die Crème fraîche mit den Eigelben und 1/8 l Garflüssigkeit von den Forellenfilets verrühren. Mit Salz, Pfeffer und Muskat würzen.

4 Den Teig auf wenig Mehl rund ausrollen und in die Form geben, dabei einen 2 cm hohen Rand formen.

5 Forellenstücke und Frühlingszwiebeln auf den Teig geben. Den Guss darüber gießen und mit Butterflöckchen belegen. Die Quiche im heißen Ofen (Mitte, Umluft 175°) 35 Min. backen.

Scharfe Tunfischtarte

Zutaten für 4 Personen:
- 3 Scheiben TK-Blätterteig (225 g)
- 2 rote Chilischoten
- 1 Dose Mais (400 g)
- 2 zarte Lauchstangen
- 1 Dose Tunfisch im eigenen Saft (etwa 200 g)
- 2 EL Olivenöl
- Salz · schwarzer Pfeffer
- 125 g Greyerzer, frisch gerieben
- 1 Bund Schnittlauch
- 2 Eier
- 200 ml Milch
- Und: 1 feuerfeste Form von 24 cm ø

Arbeitszeit: 30 Min.
Backzeit: 30 Min.
Pro Portion etwa: 680 kcal · 33 g EW · 40 g F · 49 g KH

PREISWERT

1 Die Blätterteigscheiben nebeneinander zugedeckt auftauen lassen. Die Chilischoten aufschneiden, entkernen, putzen und waschen, in feine Streifen schneiden. Den Mais abtropfen lassen. Den Lauch putzen, längs aufschlitzen und gründlich waschen, trockenschütteln und in Streifen schneiden. Den Tunfisch abtropfen lassen und zerpflücken.

2 Lauch und Chiliringe im Öl unter häufigem Rühren bei mittlerer Hitze 2–3 Min. garen. Den Mais und den Tunfisch untermischen, alles mit Salz und Pfeffer würzen und vom Herd nehmen.

3 Den Schnittlauch waschen und in Röllchen schneiden. Schnittlauch und Käse mit den Eiern und der Milch verrühren.

4 Den Ofen auf 200° vorheizen. Die Blätterteigscheiben leicht überlappend auf wenig Mehl ausrollen, einen etwa 26–28 cm großen Kreis daraus ausschneiden. Die Form kalt ausspülen, nicht abtrocknen. Den Teig hineinlegen, am Rand andrücken.

5 Zuerst die Lauchmischung, dann die Eiermilch auf dem Teig verteilen. Die Tarte im Ofen (Mitte, Umluft 180°) 30 Min. backen.

Lecker zur Tunfischtarte: Tomatensauce

Für 4 Portionen 1 Zwiebel schälen, fein hacken und in 2 EL Olivenöl weich dünsten. 2 Knoblauchzehen schälen und dazupressen. 1 Dose Tomaten (400 g) dazugeben. Mit je 1 TL Thymian und Oregano sowie mit Salz und Pfeffer würzen. 20 Minuten köcheln lassen. Die Sauce dann noch einmal abschmecken.

Artischocken-Garnelen-Quiche

Zutaten für 2–4 Personen:
3 Scheiben TK-Blätterteig (180 g)
1 Dose Artischockenböden (390 g)
150 g geschälte rohe Tiefseegarnelen
5 Zweige Estragon
3 Eier
200 g Crème fraîche
Salz · weißer Pfeffer
Estragonzweiglein zum Garnieren
Und: 1 feuerfeste Form von 24 cm ø

Arbeitszeit: 20 Min.
Backzeit: 35 Min.
Bei 4 Personen pro Portion etwa:
575 kcal · 19 g EW · 41 g F · 33 g KH

MACHT WAS HER

Getränketipp
Dazu schmeckt ein kräftiger Weißwein, z. B. ein Chardonnay.

1 Die Blätterteigscheiben nebeneinander legen und zugedeckt auftauen lassen. Den Ofen auf 200° vorheizen. Die Artischockenböden in ein Sieb geben und abtropfen lassen. Die Garnelen in einem Sieb kalt abbrausen und gut abtropfen lassen.

2 Den Estragon waschen, abtrocknen und fein hacken, mit den Eiern und der Crème fraîche verquirlen. Die Eiermasse mit Salz und Pfeffer würzen.

3 Die Blätterteigscheiben aufeinander legen und auf wenig Mehl rund ausrollen. Die Form kalt ausspülen, nicht abtrocknen und mit dem Teig auskleiden. Überstehenden Teig abschneiden.

4 Die Artischockenböden auf den Teig legen, die Garnelen dazwischen verteilen. Die Eiercreme darüber gießen und die Quiche im Backofen (Mitte, Umluft 180°) 35 Min. backen. Vor dem Anschneiden 10 Min. ruhen lassen. Mit Estragon garniert servieren.

Variante
Wenn Sie Garnelen nicht mögen, können Sie sie durch 150 g Salami am Stück und 1 grüne Paprikaschote, beides klein gewürfelt, ersetzen. Dann sollten Sie statt Artischockenböden Artischockenherzen nehmen, diese halbieren, mit der Schnittfläche nach unten auf den Teig legen und mit Salz, Pfeffer und 1 TL getrocknetem Oregano würzen. Die Salami- und Paprikawürfel dazwischen streuen. Für den Guss dann 50 g geriebenen Parmesan mit 200 g Crème fraîche verrühren, mit Salz und Pfeffer würzen und gleichmäßig darauf verteilen. Im vorgeheizten Backofen (Mitte, Umluft 180°) 25 Min. backen.

Tipp
Wenn Sie tiefgekühlte Garnelen verwenden, diese auftauen und in einem Sieb sehr gut abtropfen lassen. Andernfalls geben sie zu viel Feuchtigkeit ab, und die Eiermasse wird möglicherweise nicht fest.

Pizza Margherita

Zutaten für 4 Personen:

Für den Hefeteig:

1/2 Würfel Hefe · 1 Prise Zucker
450 g Mehl · 4 EL Olivenöl · 1 TL Salz

Für den Belag:

1 große Dose Tomaten (800 g)
250 g Mozzarella
Salz · schwarzer Pfeffer
4 EL frisch geriebener Parmesan
4 EL Olivenöl
1/2-1 Bund Basilikum
Und: 4 Pizzaformen von je 20 cm ø

Arbeitszeit: 1 1/2 Std.
Backzeit: 30 Min.
Pro Portion etwa: 3420 kJ · 820 kcal · 31 g EW · 33 g F · 89 g KH

PREISWERT

1 Die Hefe zerbröckeln und mit 200 ml lauwarmem Wasser und dem Zucker glatt rühren. Mehl, Olivenöl und Salz dazugeben. Alles zu einem geschmeidigen Teig verkneten. Zugedeckt an einem warmen Ort 1 Std. ruhen lassen.

2 Den Backofen auf 225° vorheizen. Die Pizzaformen mit Öl ausstreichen. Den Teig in 4 Portionen teilen, auf wenig Mehl rund ausrollen und in die Formen legen.

3 Die Tomaten abtropfen lassen, mit einer Gabel zerdrücken, auf die Pizzaböden verteilen. Dabei einen 2 cm breiten Rand frei lassen. Den Mozzarella in dünne Scheiben schneiden und auf die Tomaten legen. Mit Salz, Pfeffer und Parmesan bestreuen und mit dem Olivenöl beträufeln.

4 Nacheinander je 2 Pizzen im Backofen (unten, Umluft 200°) 15 Min. backen. Mit Basilikumblättchen belegt servieren.

Aus aller Welt

Pizza mit vier Käsesorten

Zutaten für 4–6 Personen:

Für den Hefeteig:

½ Würfel Hefe
1 Prise Zucker
300 g Mehl
1 TL Salz · 6 EL Olivenöl

Für den Belag:

125 g Mozzarella
125 g junger Pecorino
125 g Gorgonzola
100 g Parmesan
4 Knoblauchzehen
2 Zweige Salbei
5 EL Olivenöl
schwarzer Pfeffer
Und: 1 Backblech

Arbeitszeit: 1 ½ Std.
Backzeit: 12–15 Min.
Bei 6 Personen pro Portion etwa:
615 kcal · 28 g EW · 37 g F · 43 g KH

GELINGT LEICHT

Getränketipp

Dafür, dass zu Käse auch Rotwein schmeckt, liefert ein frisch-fruchtiger Beaujolais-Villages den besten Beweis.

1 Die Hefe zerbröckeln und mit ⅛ l lauwarmem Wasser und dem Zucker glatt rühren. Mit dem Mehl, Salz und Olivenöl zu einem geschmeidigen Teig verkneten, der sich vom Schüsselrand löst. Den Teig zugedeckt an einem warmen Ort 1 Std. gehen lassen.

2 Inzwischen für den Belag den Mozzarella, den Pecorino und den Gorgonzola in kleine Würfel schneiden. Den Parmesan reiben. Die Knoblauchzehen schälen und in dünne Scheibchen schneiden oder hacken. Salbei waschen, abtrocknen, die Blättchen abzupfen und in Streifen schneiden.

3 Den Backofen auf 225° vorheizen. Das Backblech mit Olivenöl fetten. Den Hefeteig auf wenig Mehl noch einmal gut durchkneten, dann dünn ausrollen und auf das Blech heben. Einen schmalen Rand formen. (Wer möchte, kann auch kleine Pizzen formen.)

4 Den Knoblauch, den Käse und die Salbeiblättchen auf der Pizza verteilen, das Olivenöl gleichmäßig darüber träufeln. Etwas Pfeffer darüber mahlen. Die Pizza im Backofen (unten, Umluft 200°) 12–15 Min. backen.

Tipps

Für die Pizza eignen sich Mozzarella, junger Pecorino, Gorgonzola und Parmesan besonders gut. Mozzarella ist ein milder, frischkäseähnlicher, aber festerer Käse, der eigentlich aus Büffelmilch, heute zumeist aber aus Kuhmilch hergestellt wird. Sollten Sie Büffelmozzarella bekommen, greifen Sie unbedingt zu: Er schmeckt viel aromatischer als der aus Kuhmilch. Pecorino ist ein Hartkäse, der aus unterschiedlichen Milchsorten hergestellt sein kann, meist jedoch entsteht er aus Schafmilch. Gorgonzola ist ein würziger Edelpilzkäse und Parmesan ein beliebter, aromatischer Hartkäse. Wer möchte, kann eine der Käsesorten durch Bel Paese, Roquefort oder andere aromatische Käse ersetzen.

Focaccia mit Kräutern und Käse

Zutaten für 4 Personen:
Für den Hefeteig:
400 g Mehl
$^1/_2$ TL Salz
$^1/_2$ Würfel Hefe
5 EL Olivenöl
Für die Füllung:
200 g Gorgonzola
2 Zweige Rosmarin
2 Zweige Oregano
3 EL Olivenöl
30 g Parmesan, frisch gerieben
Salz
Und: 1 Backblech

Arbeitszeit: 1 $^1/_2$ Std.
Backzeit: 20 Min.
Pro Portion etwa: 735 kcal ·
25 g EW · 34 g F · 80 g KH

PREISWERT

Getränketipp

Zu der Focaccia mit Kräutern und Käse passt ein einfacher, unkomplizierter italienischer Rotwein sehr gut, z. B. ein Sangiovese. Wenn Sie sich an der Variante mit Ziegenfrischkäse versuchen, wählen Sie besser einen frischen Weißwein, z. B. einen Bianco Sicilia.

1 Das Mehl mit dem Salz in einer Schüssel mischen. Die Hefe mit 200 ml lauwarmem Wasser verrühren. Mit dem Olivenöl zum Mehl geben und alles zu einem glatten, geschmeidigen Teig verkneten. Zugedeckt an einem warmen Ort 1 Std. gehen lassen.

2 Inzwischen den Gorgonzola mit einer Gabel zerdrücken. Die Kräuter waschen, trockenschütteln und von den Stielen zupfen. Danach fein hacken. Den Gorgonzola mit den Kräutern, 2 EL Olivenöl und dem Parmesan vermischen. Mit Salz abschmecken.

3 Das Backblech fetten. Den Teig auf wenig Mehl nochmals durchkneten und halbieren.

4 Die Teigstücke auf wenig Mehl zu dünnen Rechtecken ausrollen. Den Backofen auf 220° (Umluft 200°) vorheizen.

5 Ein Teigstück auf das Blech legen, die Füllung darauf verteilen. Mit dem zweiten Teigstück bedecken. Die Ränder gut mit etwas Wasser verkleben. In die Oberfläche mit einem Teelöffel kleine Mulden drücken und mit dem restlichen Olivenöl beträufeln. Zugedeckt nochmals 10 Min. gehen lassen. Dann im heißen Backofen (Mitte) 20 Min. backen.

Variante
Der Begriff »Focaccia« ist schwer zu definieren, denn eine Focaccia ist »nicht mehr Brot und noch keine Pizza«. So fließend die Übergänge hier auch sein mögen, eine Focaccia schmeckt zu einem Glas Wein einfach unübertrefflich gut – und man kann sie in vielerlei Varianten genießen, z. B. mit Ziegenfrischkäse: Für 4 Portionen 250 g Mehl mit $^1/_2$ TL Salz und 3 EL Olivenöl mischen. So viel lauwarmes Wasser unterkneten, bis ein glatter, geschmeidiger Teig entsteht. 1 Std. ruhen lassen. 250 g Ziegenfrischkäse (ersatzweise weicher Schafkäse) mit 2 EL Olivenöl verrühren. Den Backofen auf 200° vorheizen. Ein Backblech fetten. Den Teig halbieren. Auf wenig Mehl zu dünnen, runden Fladen ausrollen. Einen Fladen auf das Backblech legen. Die Füllung darauf verteilen. Mit dem zweiten Fladen bedecken. Die Ränder andrücken. Kleine Mulden in die Oberfläche drücken, mit 1 EL Olivenöl beträufeln. Die Focaccia im heißen Backofen (Mitte) 15 Min. backen.

Spinat-Ricotta-Calzone

Zutaten für 4–6 Personen:
Für den Hefeteig:
½ Würfel Hefe
1 Prise Zucker · 450 g Mehl
3 EL Olivenöl · 1 TL Salz
Für die Füllung:
2 Zwiebeln · 2 Knoblauchzehen
2 EL Olivenöl
300 g tiefgekühlter Blattspinat
3 Sardellenfilets
100 g schwarze Oliven
Salz · schwarzer Pfeffer
125 g Mozzarella
200 g weicher Ricotta
4 EL Tomatenmark
4 TL frische Majoranblättchen

Arbeitszeit: 1 ½ Std.
Backzeit: 20 Min.
Bei 6 Personen pro Portion etwa:
735 kcal · 29 g EW · 25 g F · 99 g KH

BRAUCHT ETWAS ZEIT

1 Die Hefe zerbröckeln, mit 200 ml lauwarmem Wasser glatt rühren. Das Hefewasser mit dem Zucker, Mehl, Öl und Salz zu einem geschmeidigen Teig verkneten. Zugedeckt an einem warmen Ort 1 Std. gehen lassen.

2 Die Zwiebeln und den Knoblauch schälen und hacken und im Öl glasig werden lassen. Den Spinat dazugeben und unter häufigem Rühren bei schwacher Hitze zugedeckt auftauen lassen. Dann ohne Deckel garen, bis die Feuchtigkeit größtenteils verdampft ist.

3 Die Sardellenfilets kalt abspülen und hacken. Die Oliven entsteinen und grob hacken. Beides unter den Spinat mischen. Salzen, pfeffern und vom Herd nehmen. Den Mozzarella würfeln und untermischen, den Ricotta ebenfalls untermengen.

4 Den Teig auf wenig Mehl noch einmal durchkneten. Dann in 4 Portionen teilen und jede zu einem 25 cm großen Kreis ausrollen. Jeweils etwas Tomatenmark aufstreichen und etwas Majoran aufstreuen. Die Spinatmischung darauf verteilen.

5 Die Kreise zu Halbkreisen falten, die Ränder gut festdrücken. Die Calzoni auf ein mit Backpapier belegtes Blech setzen und zugedeckt bei Zimmertemperatur noch 15 Min. gehen lassen. Den Backofen auf 225° (Umluft 200°) vorheizen. Die Calzoni im Ofen (unten) 20 Min. backen.

Calzone mit Schinken-Mozzarella-Füllung

Zutaten für 4 Personen:
Für den Hefeteig:
½ Würfel Hefe
1 Prise Zucker · 450 g Mehl
3 EL Olivenöl · 1 TL Salz
Für die Füllung:
2 Zwiebeln · 1 Knoblauchzehe
1 EL Olivenöl
1 große Dose Tomaten (800 g)
Salz · schwarzer Pfeffer
Cayennepfeffer
3 EL Tomatenmark
250 g Mozzarella
200 g gekochter Schinken
1 Bund Basilikum
100 g tiefgekühlte Erbsen

Arbeitszeit: 1 ½ Std.
Backzeit: 20 Min.
Pro Portion etwa: 870 kcal · 40 g EW · 31 g F · 107 g KH

GELINGT LEICHT

1 Aus den Teigzutaten wie oben beschrieben einen Hefeteig herstellen und gehen lassen.

2 Zwiebeln und Knoblauch schälen, hacken und im Öl glasig werden lassen. Die abgetropften Tomaten dazugeben, mit Salz, Pfeffer, Cayennepeffer und Tomatenmark würzen und offen bei mittlerer Hitze unter häufigem Rühren 30 Min. köcheln lassen.

3 Mozzarella und Schinken klein würfeln. Das Basilikum waschen und hacken. Die Erbsen warm abbrausen und abtropfen lassen.

4 Den Teig auf wenig Mehl noch einmal durchkneten. In 4 Portionen teilen, jede zu einem 25 cm großen Kreis ausrollen. Jeweils etwas Tomatensauce, Käse, Schinken und Basilikum sowie einige Erbsen darauf geben.

5 Die Kreise zu Halbkreisen falten, die Ränder gut festdrücken. Die Calzoni auf ein mit Backpapier belegtes Blech setzen und zugedeckt bei Zimmertemperatur noch 15 Min. gehen lassen. Den Backofen auf 225° (Umluft 200°) vorheizen. Die Calzoni im heißen Ofen (Mitte) 20 Min. backen.

Lecker zur Calzone mit Schinken-Mozzarella-Füllung: Romanasalat mit Parmesanspänen

Für 4 Portionen 30 g Pinienkerne ohne Fett anrösten, beiseite stellen. Für das Dressing 2 Frühlingszwiebeln putzen, waschen und klein würfeln. Mit 2 EL Aceto balsamcio, 3 EL Olivenöl, Salz und Pfeffer verrühren. 1 Romanasalat putzen, waschen, streifig schneiden, mit dem Dressing vermischen. 50 g gehobelten Parmesan und die Pinienkerne darüber streuen.

Türkische Pizza

Zutaten für 4 Personen:

Für den Hefeteig:
1/2 Würfel Hefe
450 g Mehl
1 TL Salz

Für den Belag:
2 Fleischtomaten
1 Bund Frühlingszwiebeln
2 große Peperoni (je nach Belieben scharf oder mild)
2 Bund Petersilie
250 g Lammhackfleisch (vom Metzger durchdrehen lassen)
Salz
schwarzer Pfeffer
rosenscharfes Paprikapulver
Kreuzkümmelpulver
4 EL Olivenöl
3 rote Zwiebeln

Arbeitszeit: 1 1/2 Std.
Backzeit: 4 x 15 Min.
Pro Portion etwa: 725 kcal · 24 g EW · 23 g F · 107 g KH

BRAUCHT ETWAS ZEIT

Getränketipp
Zu dieser Pizza schmeckt ein Villa Doluca sehr gut, ein mittelkräftiger Rotwein aus Thrakien, dem europäischen Teil der Türkei.

1 Für den Teig die Hefe zerbröckeln und mit 1/4 l lauwarmem Wasser glatt rühren. Mit dem Mehl und dem Salz zu einem glatten, geschmeidigen Teig verkneten. Zugedeckt an einem warmen Ort 45 Min. gehen lassen.

2 Inzwischen für den Belag die Stielansätze der Tomaten entfernen. Tomaten kurz überbrühen, häuten, vierteln, entkernen und hacken. Die Frühlingszwiebeln waschen, putzen und fein würfeln. Die Peperoni längs halbieren, die Kerne herauswaschen und die Schoten sehr klein schneiden. 1 Bund Petersilie waschen, trockenschütteln und ebenfalls hacken.

3 Das Hackfleisch mit den Tomaten, den Frühlingszwiebeln, den Peperoni und der Petersilie mischen, mit Salz, Pfeffer, Paprikapulver und etwas Kreuzkümmel kräftig würzen.

4 Den Backofen auf 225° (Umluft 200°) vorheizen. Das Backblech fetten. Teig auf wenig Mehl noch einmal durchkneten und in 8 Portionen teilen. Nacheinander zu ovalen Fladen ausrollen.

5 Zwei Teigfladen auf das Blech setzen, dünn mit Hackfleisch bestreichen und mit etwas Olivenöl beträufeln. Die Ränder nach innen klappen. Die Pizza im heißen Backofen (Mitte) 15 Min. backen. Nach und nach die restlichen Pizzen zubereiten und backen.

6 Inzwischen die roten Zwiebeln schälen und in feine Ringe schneiden, die übrige Petersilie waschen, trockenschütteln und hacken. Beides mischen und zum Servieren auf die Pizzen streuen.

Variante
Probieren Sie für den Belag der Teigfladen auch einmal folgende Mischung aus: 250 g Rinderhackfleisch in eine Schüssel geben. 1 mittelgroße Zwiebel schälen und fein würfeln. 2 mittelgroße Tomaten waschen und ebenfalls würfeln. 2 Peperoni putzen, waschen und fein würfeln. Alles mit 1 gehäuften EL Salça (Paprikapaste; aus dem türkischen Lebensmittelladen), Salz und Pfeffer zum Fleisch geben. Mit dem Blitzhacker noch feiner zerkleinern. Die Mischung wie im nebenstehenden Rezept beschrieben auf die Teigfladen streichen.

Schafkäse-Spinat-Börek

Zutaten für 4 Personen:
4 Yufka Teigblätter (aus dem türkischen Lebensmittelladen)
300 g tiefgekühlter Blattspinat
2 Knoblauchzehen
4 EL Öl
250 g Lammhackfleisch (vom Metzger durchdrehen lassen)
Salz
schwarzer Pfeffer
300 g Schafkäse
200 g Joghurt
3 Eier
1 Bund gemischte Kräuter (Dill, Minze, Petersilie)
1 EL Kapern
1 Eigelb
1 EL Pinienkerne
Und: 1 quadratische Form von 30–40 cm Größe

Arbeitszeit: 40 Min.
Backzeit: 20 Min.
Pro Portion etwa: 695 kcal · 36 g EW · 42 g F · 43 g KH

SCHNELL

Getränketipp

Zu dem Börek schmeckt ganz stilecht ein Gläschen Raki sehr gut, türkischer Anisschnaps.

1 Die Teigblätter auseinanderrollen und mit einem feuchten Tuch bedecken. Eine rechteckige Backform fetten. Den Spinat in einem Topf bei mittlerer Hitze zugedeckt auftauen lassen. Die Knoblauchzehen schälen.

2 1 EL Öl in einer Pfanne erhitzen. Das Hackfleisch darin kräftig anbraten, wieder herausnehmen.

3 1 weiteren EL Öl in die Pfanne geben. Den Spinat darin kurz dünsten. Den Knoblauch durch die Presse dazudrücken. Hackfleisch wieder dazugeben, mit Salz und Pfeffer würzen.

4 Den Schafkäse in kleine Würfel schneiden. Den Joghurt mit den Eiern und dem Schafkäse im Mixer pürieren. Die Kräuter waschen und die Blättchen fein hacken. Die Kräuter und Kapern unter die Käsecreme mischen. Mit Salz und Pfeffer würzen. Den Backofen auf 200° (Umluft 180°) vorheizen.

5 Die Backform mit einer Teigplatte auslegen. Die Ränder sollten ganz mit Teig ausgekleidet sein. Die Teigplatte mit Öl, dann mit etwas Käsecreme bepinseln.

6 Die nächste Teigplatte auflegen, mit Öl bestreichen und mit Käsecreme bedecken. Die dritte Teigplatte auflegen, die Spinatmasse darauf geben und die restliche Käsecreme darauf verteilen. Die letzte Platte auflegen.

7 Alle überstehenden Teigränder nach innen klappen, eventuell vorher einen Teil abschneiden. Das Eigelb mit etwas Wasser verquirlen. Die Teigplatte damit bestreichen. Mit den Pinienkernen bestreuen. Börek im heißen Ofen (Mitte) 20 Min. backen.

Tipps

Von den vielen herzhaften türkischen Strudelteig-Spezialitäten lässt sich dieses Börek besonders schnell herstellen. Yufka Teigblätter erhalten Sie im türkischen Lebensmittelladen. Es gibt sie in Packungen von 5 oder 10 Stück Inhalt. Vorsicht beim Herausnehmen: Die Teigblätter brechen leicht. Übrige Teigblätter können Sie übrigens problemlos einfrieren.
Sollten Sie keine Yufka Teigblätter bekommen, können Sie auch die gleiche Menge Filloteig nehmen, den Sie im griechischen Lebensmittelladen kaufen können. Oder Sie verwenden ganz einfach TK-Blätterteig.

AUS ALLER WELT

Quiche lorraine

Zutaten für 4–6 Personen:
Für den Mürbeteig:
300 g Mehl
1/2 TL Salz
200 g Butter
Für den Belag:
200 g durchwachsener Räucherspeck in Scheiben
1 EL Butterschmalz
300 g Sahne
2 Eigelbe
2 Eier
Salz · schwarzer Pfeffer
Muskatnuss, frisch grieben
Und: 1 feuerfeste Form von 30 cm ø

Arbeitszeit: 1 Std.
Backzeit: 45 Min.
Bei 6 Personen pro Portion etwa:
785 kcal · 21 g EW · 63 g F · 39 g KH

PREISWERT

Getränketipp
Dazu schmeckt ein leichter Weißwein oder ein Rosé aus dem Elsass.

1 Das Mehl mit dem Salz auf die Arbeitsfläche geben, in die Mitte eine Mulde drücken, 6 EL eiskaltes Wasser hineingeben. Die Butter in Flöckchen auf dem Rand verteilen. Alle Zutaten mit einem Messer durchhacken, dann rasch zu einem glatten Teig verarbeiten. Den Teig in Folie wickeln und mindestens 30 Min. kühl stellen.

2 Inzwischen den Speck in feine Streifen schneiden. Das Butterschmalz in einer Pfanne erhitzen und den Speck darin bei mittlerer Hitze glasig braten. Den Backofen auf 220° vorheizen.

3 Den Teig auf wenig Mehl rund ausrollen. Boden und Rand der Form damit auslegen. Die abgekühlten Speckstreifen darauf verteilen.

4 Die Sahne mit den Eigelben und den Eiern gut verrühren. Mit Salz, Pfeffer und Muskat würzen und die Eiersahne über die Speckstreifen gießen.

5 Die Quiche im heißen Ofen (Mitte, Umluft 200°) in 45 Min. goldbraun backen. Herausnehmen und etwas abkühlen lassen.

Variante:
Die echte Quiche lorraine – in der Übersetzung heißt der pikante Kuchen Lothringer Speckkuchen – wird ohne Käse zubereitet. Wenn Sie eine Variante mit Käse möchten, probieren Sie doch folgendes Rezept einmal aus: Den Teig wie nebenstehend beschrieben herstellen. Für den Belag je 100 g gekochten und rohen Schinken würfeln. Mit je 1 fein gehackten Zwiebel und Knoblauchzehe mischen. 1 EL gemischte Kräuter dazugeben. Alles mit 2 EL Öl mischen. 3 Eier mit 200 g Sahne und 100 g geriebenem Greyerzer mischen. Backofen auf 220° vorheizen. Eine Quicheform mit dem ausgerollten Teig belegen. Die Schinkenmischung darauf geben. Die Eier-Käse-Mischung darüber gießen. Im heißen Backofen (Umluft 200°) 40 Min. backen.

Tipp
Am besten schmeckt diese Spezialität aus dem Elsass, wenn man sie lauwarm serviert. Sie können Sie also schon eine ganze Weile vor dem Essen zubereiten und im abgeschalteten Backofen stehenlassen. So ist sie auch nach einer Stunde noch köstlich frisch und gut durchgezogen.

Geflügelpie

Zutaten für 4 Personen:
5 Scheiben TK-Blätterteig (300 g)
250 g Champignons
2 EL Öl
2 Knoblauchzehen
250 g Möhren
250 g Lauch
Salz
600 g Putenschnitzel (ersatzweise Hühnerbrust oder Kabeljaufilet)
Pfeffer
1 Prise Cayennepfeffer
100 g Cheddar oder Gouda, frisch gerieben
1 Eigelb
Und: 1 Pieform von 26 cm ø

Arbeitszeit: 45 Min.
Backzeit: 15 Min.
Pro Portion etwa: 830 kcal · 44 g EW · 52 g F · 47 g KH

SCHNELL

Getränketipp

Ihrer Herkunft entsprechend können Sie zu dieser Pie Ale servieren, ein obergäriges helles Bier. Wer Wein bevorzugt, lässt sich einen Chenin Blanc dazu schmecken.

1 Den Blätterteig aus der Packung nehmen und zugedeckt auftauen lassen. Die Champignons putzen, kurz abbrausen und in Scheiben schneiden. 1 EL Öl in einer Pfanne heiß werden lassen. Die Champignons in die Pfanne geben, 5 Min. bei starker Hitze dünsten, bis fast alle Flüssigkeit verdampft ist. Den Knoblauch schälen und dazupressen.

2 Die Möhren schälen und in kleine Würfel schneiden. Den Lauch putzen, waschen und in schmale Ringe schneiden. Die Möhren in kochendem Salzwasser 3 Min., Lauchringe 1 Min. blanchieren, eiskalt abschrecken und in einem Sieb sehr gut abtropfen lassen.

3 Die Putenschnitzel in fingerdicke Streifen schneiden und im restlichen Öl 5 Min. rundherum kräftig anbraten. Mit Salz, Pfeffer und Cayennepfeffer kräftig würzen. Die Putenstreifen mit dem Gemüse, den Pilzen und dem Käse mischen. Die Pieform fetten und die Mischung hineinfüllen. Den Backofen auf 220° vorheizen.

4 Den Blätterteig aufeinander legen und auf einer bemehlten Fläche etwas größer als die Pieform ausrollen. In die Mitte des Deckels ein Loch schneiden, damit der Dampf entweichen kann. Den Teigdeckel auf die Form legen und den Rand rundum andrücken. Teig eventuell mit Teigresten verzieren. Das Eigelb verquirlen und den Teigdeckel damit bestreichen. Die Pie im Backofen (Mitte, Umluft 200°) in 15 Min. goldgelb backen.

Tipp

Pies stammen aus England und sind keineswegs nur dem Wunsch einer interessanten Resteverwertung entsprungen. Vielmehr suchte man nach einem Verfahren, einen festlichen pikanten Kuchen zu backen, bei dem das Fleisch unter der knusprigen Hülle wunderbar saftig und zart bleibt. Für Pies werden die Formen nicht ganz mit Teig ausgekleidet, sondern die Fleischmasse kommt in eine feuerfeste Form und wird mit einem Teigdeckel verschlossen. Damit sich unter dem Teig nicht zu viel Feuchtigkeit sammelt, schneidet man einen Kamin in den Teigdeckel. Am besten machen Sie das, bevor Sie den Teigdeckel auflegen.

Spinatpie mit Speck

Zutaten für 6–8 Personen:

Für den Mürbeteig:
400 g Mehl · 1 Ei · 1 Eigelb
Salz · ⅛ l Milch
180 g kalte Butter

Für den Belag:
1,3 kg Blattspinat
2 Zwiebeln · 2 Knoblauchzehen
150 g durchwachsener Räucherspeck · 100 g Greyerzer
1 EL Butter · 1 EL Olivenöl
Pfeffer · Cayennepfeffer · Salz
200 g Sahne · 200 g Crème fraîche
4 Eier
Muskatnuss, frisch gerieben
1 Eigelb
Und: 1 feuerfeste Form von 28 cm ø

Arbeitszeit: 1 Std.
Backzeit: 45 Min.
Bei 8 Personen pro Portion etwa:
775 kcal · 24 g EW · 56 g F · 46 g KH

FÜR DIE GROSSE RUNDE

1 Aus den Teigzutaten einen glatten Teig kneten. Zwei Drittel des Teiges auf wenig Mehl ausrollen, in die Form legen, dabei einen 3 cm hohen Rand formen. Den Boden mehrmals mit einer Gabel einstechen. Den restlichen Teig für den Deckel auf Formgröße ausrollen, in Klarsichtfolie einschlagen. Beide Teige mindestens 30 Min. kühl stellen.

2 Den Spinat verlesen, waschen, abtropfen lassen. Zwiebeln und Knoblauch schälen, klein würfeln. Den Speck streifig schneiden. Den Käse grob raspeln.

3 Den Speck in Butter und Öl anbraten. Zwiebeln und Knoblauch hinzufügen, unter Rühren andünsten. Den Spinat dazugeben, bei mittlerer Hitze zugedeckt in 5 Min. zusammenfallen lassen. Mit Pfeffer, Cayennepfeffer und Salz kräftig würzen.

4 Sahne, Crème fraîche, Eier und Käse verrühren. Mit dem Spinat mischen. Mit Muskat würzen. Den Ofen auf 200° vorheizen.

5 Die Spinatmasse auf dem Teigboden verteilen. In die Mitte des Teigdeckels ein Loch schneiden, damit der Dampf abziehen kann. Den Deckel auf die Füllung legen, die Ränder etwas zusammendrücken. Den Deckel mit Eigelb bestreichen. Im Ofen (unten, Umluft 180°) 15 Min. backen. Dann auf der mittleren Schiene in 30 Min. fertig backen. Vor dem Anschneiden 10 Min. ruhen lassen.

Hessischer Speckkuchen

Zutaten für 6–8 Personen:

Für den Hefeteig:
½ Würfel Hefe
½ TL Zucker · 1 TL Salz
200 g Weizenmehl (Type 550)
100 g Roggenmehl (Type 997)
75 ml Öl

Für den Belag:
500 g Lauch
500 g gegarte Pellkartoffeln (vom Vortag)
100 g Schichtkäse · 250 g Schmand
3 Eier · 4 EL Öl
Salz · schwarzer Pfeffer
Muskatnuss, frisch gerieben
400 g durchwachsener Räucherspeck

Arbeitszeit: 1 ½ Std.
Backzeit: 30 Min.
Bei 8 Personen pro Portion etwa:
745 kcal · 26 g EW · 51 g F · 46 g KH

FÜR DIE GROSSE RUNDE

1 Für den Teig die Hefe in eine Tasse bröckeln und mit ⅛ l lauwarmem Wasser und dem Zucker glatt rühren. Das Salz mit dem Weizen- und dem Roggenmehl mischen. Das Öl und die angerührte Hefe dazugeben, alles zu einem geschmeidigen Teig verkneten. Zugedeckt an einem warmen Ort 1 Std. gehen lassen.

2 Für den Belag den Lauch putzen, längs aufschneiden, waschen und sehr fein würfeln. Die Kartoffeln schälen, durch die Kartoffelpresse drücken. Mit dem Lauch, dem Schichtkäse, dem Schmand, den Eiern und dem Öl verrühren. Mit Salz, Pfeffer und Muskat würzen. Den Speck von Schwarte und Knorpeln befreien und sehr klein würfeln.

3 Den Teig noch einmal durchkneten, dann auf wenig Mehl ausrollen. Auf ein mit Öl bestrichenes Backblech heben und bis an den Rand ausziehen. Mit einer Gabel mehrmals einstechen. Die Kartoffelmasse auf dem Teig verteilen, dann den Speck aufstreuen. Den Kuchen 15 Min. ruhen lassen.

4 Den Backofen auf 225° vorheizen. Den Kuchen darin (Mitte, Umluft 200°) 30 Min. backen.

Lecker zum Hessischen Speckkuchen: Wirsingsalat

Für 4 Portionen 1 Wirsingkopf (etwa 1 kg) vierteln. Die Viertel waschen und in kochendem Salzwasser in 30 Minuten knapp weich garen. Abtropfen lassen und noch heiß in 3 cm dicke Streifen schneiden, 1/2 TL Kümmelkörner untermischen. Für das Dressing den Saft von 1 Zitrone mit je 1 Prise Salz, Muskatnuss und Pfeffer verrühren. 6 EL Olivenöl darunter schlagen. Unter den Wirsing mischen und 30 Minuten ziehen lassen.

Elsässer Winzerpastete

Zutaten für 4–6 Personen:
7 Scheiben TK-Blätterteig (450 g)
600 g magere Schweineschulter ohne Knochen
1/2 Bund Petersilie
1 große Zwiebel
100 ml trockener Weißwein
Salz · schwarzer Pfeffer
3 Eigelbe
150 g Crème fraîche
1 Eigelb zum Bestreichen
Und: 1 feuerfeste Form von 26 cm ø

Arbeitszeit: 50 Min.
Backzeit: 45 Min.
Bei 6 Personen pro Portion etwa:
740 kcal · 21 g EW · 55 g F · 36 g KH

PREISWERT

Getränketipp
Zu dieser Pastete sollten Sie auch einen Elsässer Wein servieren, z. B. einen Gewürztraminer.

1 Die Blätterteigscheiben nebeneinander legen und zugedeckt auftauen lassen.

2 Inzwischen das Schweinefleisch klein würfeln. Die Petersilie waschen, trockenschütteln und hacken. Die Zwiebel schälen und in kleine Würfel schneiden. In einer Schüssel das Fleisch mit der Petersilie, den Zwiebeln, dem Wein, Salz und Pfeffer verrühren.

3 5 Blätterteigscheiben leicht überlappend auf wenig Mehl ausrollen. Die Form kalt ausspülen, nicht abtrocknen. Einen 35 cm großen Kreis aus dem Teig ausschneiden und diesen in die Form legen. Den Rand leicht andrücken.

4 Die Fleischmischung auf den Teig in die Form geben. Die beiden übrigen Blätterteigscheiben und die Teigreste des großen Kreises aufeinander legen und auf leicht bemehlter Fläche ausrollen. Einen 26 cm großen Kreis ausschneiden, in die Mitte eine kleine Öffnung schneiden, damit der Dampf entweichen kann. Auf die Pastete legen. Den Backofen auf 225° vorheizen.

5 Das Eigelb zum Bestreichen in einer Tasse mit 1 EL Wasser verquirlen. Den Teigdeckel damit bestreichen, den überstehenden Teig des Randes darüber klappen und vorsichtig festdrücken. Den Teigdeckel eventuell mit Teigresten verzieren. Die Pastete im heißen Backofen (unten, Umluft 200°) 25 Min. backen.

6 Die Pastete aus dem Ofen nehmen, die Temperatur auf 200° (Umluft 180°) herunterschalten.

7 Die Eigelbe mit der Crème fraîche verquirlen und mit einem Kännchen oder Trichter langsam in die Deckelöffnung der Pastete gießen. Dabei die Pastete schräg halten, damit die Eiersahne gut hineinfließen kann.

8 Die Pastete im heißen Backofen (unten) noch 20 Min. backen. Kurz abkühlen lassen und dann auf eine große Platte gleiten lassen.

Tipp
Im Elsass wird diese Pastete – wie übrigens auch der Flammkuchen auf S. 112 – gerne als Zwischengericht gegessen. Wem das zu mächtig ist, serviert sie als Hauptgang und reicht als Vorspeise eine Elsässer Biersuppe: Für 4 Portionen 1/2 l Rinderbrühe (Instant) aufkochen lassen. 1/4 l helles Bier und 250 g Sauerteigbrot vom Vortag in Scheiben hineingeben. Alles bei mittlerer Hitze zugedeckt 20 Min. kochen lassen. Die Suppe durch ein feines Sieb streichen. 100 g Sahne einrühren und die Suppe mit Salz und frisch geriebener Muskatnuss abschmecken.

Flammenkuchen

Zutaten für 6 Personen:
Für den Brotteig:
400 g Roggenmehl (Type 1370)
15 g frische Hefe
50 g Sauerteig (Reformhaus)
1 TL Salz
Für den Belag:
150 g durchwachsener Räucherspeck
3 Zwiebeln
200 g Quark
200 g Sahne
1 EL Mehl
1 TL Salz
3 EL Walnussöl

Arbeitszeit: 1 1/4 Std.
Backzeit: 25 Min.
Pro Portion etwa: 575 kcal ·
21 g EW · 29 g F · 61 g KH

FÜR DIE GROSSE RUNDE

1 Das Mehl in eine Schüssel geben und in die Mitte eine Mulde drücken. Die Hefe zerbröckeln und mit 50 ml lauwarmem Wasser verrühren. In die Mulde geben. Zugedeckt an einem warmen Ort 15 Min. gehen lassen.

2 Dann 200 ml lauwarmes Wasser mit dem Sauerteig und Salz verrühren. Alles zu einem glatten, nicht zu festen Teig verarbeiten. Zugedeckt an einem warmen Ort 45 Min. gehen lassen.

3 Inzwischen den Speck zuerst in 1 cm dicke Scheiben, dann in feine Streifen schneiden. Zwiebeln schälen und fein würfeln.

4 Den Quark mit der Sahne, dem Mehl, dem Salz und dem Öl zu einer geschmeidigen Creme verrühren. Die Zwiebelwürfel unterrühren.

5 Ein Backblech fetten. Den Backofen auf 220° vorheizen. Den Brotteig auf wenig Mehl nochmals durchkneten, nach Wunsch halbieren. Einen oder zwei Fladen dünn ausrollen und auf das Blech legen.

6 Die Creme auf dem Teigfladen verstreichen. Die Speckstreifen darüber streuen. Den Flammenkuchen im Ofen (Mitte, Umluft 200°) 25 Min. backen.

Schweizer Käsewähe

Zutaten für 4 Personen:
Für den Hefeteig:
15 g frische Hefe
1/8 l lauwarme Milch
250 g Mehl
1/2 TL Salz · 1 Prise Zucker
50 g weiche Butter
Für den Belag:
250 g Schweizer Emmentaler
2 Eier · 250 g Sahne
2 EL Mehl
Salz · schwarzer Pfeffer
1–2 TL Kümmelkörner
Und: 1 Wähenform von 30 cm ø

Arbeitszeit: 1 1/4 Std.
Backzeit: 35 Min.
Pro Portion etwa: 790 kcal ·
32 g EW · 48 g F · 59 g KH

PREISWERT

1 Die Hefe zerbröckeln und mit etwas Milch glatt rühren. In einer großen Schüssel mit den übrigen Zutaten für den Teig zu einem glatten, geschmeidigen Teig verkneten. Zugedeckt an einem warmen Ort 45 Min. ruhen lassen.

2 Inzwischen den Emmentaler reiben. Die Eier mit der Sahne und dem Mehl glatt rühren, mit Salz, Pfeffer und Kümmel würzen. Dann den Käse untermischen.

3 Den Backofen auf 200° vorheizen, die Wähenform fetten. Den Teig auf wenig Mehl noch einmal durchkneten und zu einem 35 cm großen Kreis ausrollen.

4 Die Form mit dem Teig auskleiden, überstehenden Teig dabei zu einer Rolle formen und an den Rand der Form drücken, damit ein etwas dickerer Teigrand entsteht. Den Teigboden mit einer Gabel mehrmals einstechen.

5 Die Eier-Käse-Mischung auf den Teigboden geben und die Käsewähe im Ofen (Mitte, Umluft 180°) 35 Min. backen.

Tipp

Sie können die Wähe auch in einer Springform backen. Dann sollten Sie aber den Teigrand nicht ganz bis nach oben ziehen.

Lecker zur Schweizer Käsewähe: Lauchsalat mit Speck

Für 4 Portionen 100 g durchwachsenen Räucherspeck klein würfeln, ohne Fett braun braten, auf Küchenpapier entfetten. 3 Stangen Lauch putzen, längs halbieren, waschen und in feine Ringe schneiden. In kochendem Salzwasser 1 Min. blanchieren und abtropfen lassen. 3 EL Aceto balsamico, je 1 Msp. Salz und Cayennepfeffer, 2 EL Öl und $1/2$ TL scharfen Senf verrühren und mit dem Lauch mischen. Die Speckwürfel untermischen.

Mini-Know-How

Quiche, Pizza & Co. perfekt in Form!

Ganz klar, ohne Form oder Blech wird nichts aus Quiche- und Pizzaträumen. Doch gibt es kleine, aber feine Unterschiede, worin man die pikanten Kuchen nun am besten bäckt. Gut, wenn man weiß, welche ...

Quicheformen (Step 1) erkennt man an dem senkrechten Wellenrand und dem flachen, ebenen Boden. Es gibt sie von ganz klein bis ganz groß aus Porzellan, Weißblech oder Glas zu kaufen. Formen aus Porzellan sind zwar etwas teurer, doch haben sie die für die Quichebäckerei besseren Backeigenschaften.

Bei den kleinen Formen ist gründliches Einfetten angesagt, damit sich Miniquiches und -tartes nach dem Backen gut herauslösen lassen und nicht zerbrechen. Bei den großen Quicheformen sind solche mit losem

Springformen (Step 2) gehören zum Standardinventar fast jeder Küche und sind auch eine prima Alternative zur Quicheform. Aber: Wenn Sie darin Quiches mit weicher, saftiger Füllung backen wollen, müssen Sie die Springform sehr sorgfältig mit dem Teig auskleiden und Risse vermeiden, denn sonst fließt der Guss durch den Teig. Die Folge: Der Teig bäckt nicht durch, der Guss bäckt am Rand an und tropft womöglich in den Ofen. Gehen Sie darum auf Nummer Sicher und legen Sie immer ein Stück Backpapier unter die Springform.

1   2   3

Hebeboden besonders praktisch: Nach dem Backen stellt man die Form auf einen umgedrehten Topf, dessen Durchmesser kleiner als der des Bodens ist, und nimmt den Rand einfach nach unten hin ab. Übrigens: Wenn Sie keine Quicheform besitzen, brauchen Sie auf das pikante Kuchenvergnügen nicht zu verzichten. Eine flache **Gratinform** aus Keramik oder hitzebeständigem Glas lässt sich für die Quichebäckerei ebenfalls verwenden.

Pizzableche (Step 3) sind für echte Pizzafans ein Muss, vor allem solche mit Lochboden: Auf Grund der Löcher im Boden gelangt die Hitze besonders gut an den Teig, so dass er schön kross wird. Selbstverständlich gelingen Pizzen auch auf einem normalen **Backblech:** Man kann aus dem Teig dann entweder mehrere runde Fladen machen oder ihn gleich in Größe des Backblechs ausrollen. Dann hat die Pizza zwar nicht ihre typische Form, schmeckt aber genauso gut.

Welcher Teig soll es sein?

Unerlässlich für die Pizzabäckerei: **Hefeteig.** Für ein Pizzablech von 26-32 cm Durchmesser 250 g Mehl in eine Schüssel geben, in die Mitte eine Mulde hineindrücken. 10 g frische Hefe mit 1 Prise Zucker und $1/8$ l lauwarmem Wasser gut verrühren und dann mit dem Mehl verkneten. $1/2$ TL Salz und 1-2 EL Olivenöl dazugeben. Alles mit den Knethaken des Handrührgeräts zu einem glatten Teig verkneten. Zum Schluss den Teig von Hand kneten, so dass er schön elastisch wird. Den Teig zugedeckt bei Zimmertemperatur 1 Std. gehen lassen, bis er sein Volumen verdoppelt hat. Dann nochmals gut durchkneten.

Tipps

Hefeteig steht im Ruf, ein schwieriger Kandidat zu sein. Wenn man bei seiner Zubereitung ein paar Dinge beachtet, kann aber eigentlich nichts schief gehen.
- Wichtig ist, dass die Zutaten Zimmertemperatur haben. Darum sollte man die Hefe rechtzeitig aus dem Kühlschrank nehmen, denn die Hefezellen werden am besten bei 37° aktiv. Die Flüssigkeit zum Auflösen der Hefe kann bis zu 40° warm sein. Ist sie zu heiß, sterben die Hefezellen ab und die Hefe verliert ihre Triebkraft. Ist sie dagegen zu kalt, entwickeln sich die Hefezellen zu langsam.
- Wer gerne spontane Pizzagelage veranstaltet, sollte Trockenhefe im Vorrat haben, denn sie ist viel länger haltbar als frische Hefe. Ein weiterer Vorteil: Der Vorteig entfällt. Die Trockenhefe einfach mit dem Mehl vermischen, dann Wasser, Salz und Öl unterkneten. 7 g Trockenhefe – so viel enthält ein Päckchen – reichen für 500 g Mehl.
- Wenn Sie eine größere Runde mit Pizza vom Backblech beglücken wollen, rechnen Sie 400 g Mehl, $1/2$ Würfel Hefe (oder 1 Päckchen Trockenhefe), 200 ml lauwarmes Wasser und 2-3 El Olivenöl.

Mini-Know-How

Die Garantie für knuspriges Quichevergnügen: **Mürbeteig.** Für eine Form von 26-32 cm Durchmesser 250 g Mehl auf die Arbeitsfläche sieben, aufhäufen und mit ¼ TL Salz vermischen. In die Mitte eine Mulde drücken. 125 g kalte Butter in kleinen Stücken am Rand verteilen. 1 Ei in die Mulde geben. Alles mit einem Messer kräftig durchhacken, so dass kleine Teigkrümel entstehen. Mit den Händen rasch zu einem Teig verkneten. In Folie gewickelt 30 Min. kühl stellen.

> **Tipp**
> Bei der Zubereitung von Mürbeteig ist schnelles Arbeiten angesagt: Knetet man den Teig nämlich zu lange, schmilzt die Butter, und der Teig wird klebrig und weich und beim Backen nicht schön mürbe.

Der unkomplizierte Tausendsassa: **Quark-Öl-Teig.** Für eine Form von 26-32 cm Durchmesser 125 g Magerquark in ein Küchentuch geben und auspressen, so dass er schön trocken wird. In eine Schüssel geben. 5 EL Sonnenblumenöl, ¼ TL Salz und 1 Ei dazugeben und glatt rühren. 250 g Mehl und ½ TL Backpulver darüber sieben. Mit den Knethaken des Handrührgeräts untermischen. Alles mit der Hand zu einem glatten Teig verkneten. 30 Min. kühl stellen.

> **Tipp**
> Wenn Sie den Quark-Öl-Teig mit Vollkornmehl zubereiten, entfällt das Auspressen des Quarks – muss sogar entfallen, weil Vollkornmehl mehr Flüssigkeit aufnimmt.

Auf die Plätze – in die Form!

Der Teig ist fertig, der Belag vorbereitet – nun kann das Ganze in die Form. Vorher allerdings sind noch ein paar Handgriffe zu erledigen:

Los geht's mit dem **Fetten von Form oder Blech.** Das Ob und Wie hängt von der verwendeten Teigart ab: Hefe- und Quark-Öl-Teig verlangen nach Butter, Butterschmalz oder hoch erhitzbarem Öl wie Sonnenblumenöl. Diese Fette lassen sich am besten mit einem Backpinsel **(Step 1)** oder ganz einfach mit Hilfe von Küchenpapier verstreichen. Bei Mürbeteig reicht schon ein leichtes Einfetten, da der Teig selbst reichlich Fett enthält. Blätterteig dagegen dankt es Ihnen, wenn Sie die Form mit kaltem Wasser ausspülen und den Teig in die noch feuchte Form legen: Er geht dann besonders schön auf und gut aus der Form.

Nach dem Vorbereiten von Form oder Blech ist **Teigausrollen** angesagt. Unverzichtbar sind dabei ein Nudelholz und natürlich etwas Mehl für Arbeitsfläche und Nudelholz. Haben Sie beides zur Hand, kann's losgehen:
Den Teig auf wenig Mehl mit dem bemehlten Nudelholz etwas größer als die vorgesehene Form ausrollen **(Step 2).**

Dabei den Teig immer wieder von der Arbeitsfläche lösen, leicht drehen und weiter ausrollen.
Für die richtige Größe die Form umgedreht auf den ausgerollten Teig stellen, je nach Randhöhe ½-3 cm dazugeben und dann mit einem Messer oder Teigrädchen ausschneiden. Mürbeteig lässt sich übrigens prima zwischen Frischhaltefolie ausrollen. Das hat den Vorteil, dass man kein zusätzliches Mehl benötigt und der Teig feiner wird.

Die Form ist eingefettet, der Teig ausgerollt, dann kommt jetzt die Fusion von beiden:
Zum **Auslegen der Form** klappen Sie entweder den ausgerollten Teig locker auf die Hälfte zusammen, legen ihn in die Form und klappen ihn dann wieder auseinander. Oder Sie rollen den ausgerollten Teig um das Nudelholz und rollen ihn dann vorsichtig in die Form ab **(Step 3).** Nun noch den Rand gut festdrücken, überstehenden Teig mit einem Messer abschneiden, den Boden belegen – und ab in den Ofen!

1   2   3

Quiches aus dem Vorrat

Um leckere Quiches zu zaubern, muss man oft gar nicht groß einkaufen. Lassen Sie sich einfach von Speisekammer, Vorratsschrank und Tiefkühlfach inspirieren und kreieren Sie Ihr eigenes Rezept! Und sollten Ihnen die Ideen ausgehen, finden Sie auf dieser Seite einige Vorschläge. Die angegebenen Zutatenmengen reichen für eine feuerfeste Form von 26-28 cm Durchmesser.

Champignon-Lauch-Quiche
1 große Dose Champignons (300 g) abtropfen lassen. 1 Stange Lauch putzen, waschen und in Ringe schneiden. 1 kleine Dose Tomaten (400 g) abtropfen lassen und würfeln. Den Lauch in 2 EL Butter andünsten, die Pilze und 2 durchgepresste Knoblauchzehen 5 Min. mitdünsten. Die Tomaten untermischen, mit Salz, Pfeffer und Cayennepfeffer würzen. Auf dem Teig (z. B. Mürbeteig, S. 115) verteilen, mit Eiersahne (siehe Tippkasten) übergießen und geriebenem Emmentaler bestreuen. Im vorgeheizten Backofen (Mitte) bei 200° 30-35 Min. backen.

Kartoffel-Zwiebel-Quiche
750 g vorwiegend fest kochende Kartoffeln in 25 Min. gar kochen. Abkühlen lassen, pellen und in $^1/_2$ cm dicke Scheiben schneiden. 250 g Zwiebeln schälen, in feine Ringe schneiden und in 1 EL Butter andünsten. Mit Salz, Pfeffer und 1 TL Majoran würzen. Kartoffeln dachziegelartig auf den Teig (z. B. Mürbeteig, S. 115) legen, mit Salz, Pfeffer und Majoran würzen. Die Zwiebeln darauf verteilen. Mit Eiersahne (siehe Tippkasten) übergießen und geriebenem Bergkäse bestreuen. Im vorgeheizten Ofen (Mitte) bei 200° 30-35 Min. backen.

Kabanossi-Mais-Quiche
2 Dosen Mais (à 285 g) abtropfen lassen. 200 g Kabanossi würfeln, in 1 EL Öl anbraten und beiseite stellen. 2 rote Paprikaschoten waschen, putzen und würfeln. Mais, Kananossi und Paprika mischen. Auf den Teigboden (z.B. TK-Blätterteig) geben, mit Eiersahne (siehe Tippkasten) übergießen und geriebenem Gouda bestreuen. Im vorgeheizten Ofen (Mitte) bei 200° 35 Min. backen.

Kichererbsen-Tunfisch-Quiche
2 Dosen Kichererbsen (à 240 g) abtropfen lassen. 1 Dose Tunfisch im eigenen Saft (140 g) abgießen und zerpflücken. Tunfisch und Kichererbsen mischen, mit Salz, Pfeffer und Knoblauchpulver würzen. Auf dem Teigboden (z. B. TK-Blätterteig) verteilen, mit Eiersahne (siehe Tippkasten) übergießen und geriebenem Parmesan bestreuen. Im vorgeheizten Ofen (Mitte) bei 200° 35-40 Min. backen.

Forellenquiche
375 g geräucherte Forellenfilets ohne Haut und Gräten mit 300 g Crème fraîche pürieren. 2 EL Meerrettich (aus dem Glas) und 1 EL Zitronensaft unterrühren. 1 Päckchen TK-Schnittlauch untermischen. Mit Salz und Pfeffer abschmecken. 2 Eier trennen. Die Eigelbe unterrühren. Die Eiweiße steif schlagen und unterheben. Die Masse gleichmäßig auf den Teigboden (z. B. Quark-Öl-Teig, S. 115) streichen. Im vorgeheizten Ofen (Mitte) bei 200° 35 Min. backen.

Kräuter-Frischkäse-Quiche
400 g Doppelrahm-Frischkäse mit 4 Eiern verquirlen. Mit Salz, Pfeffer und edelsüßem Paprikapulver würzen. 2–3 Päckchen TK-Kräuter unterrühren. Die Masse auf den Teigboden (z. B. Quark-Öl-Teig, S. 115) gießen und mit geriebenem Parmesan bestreuen. Im vorgeheizten Ofen (Mitte) bei 220° 30 Min. backen.

Eiersahne in sechs Varianten

Eine Quiche soll fest, aber nicht trocken aus dem Backofen kommt. Damit sie diese Konsistenz bekommt, braucht es einen Guss aus Eiern und Milch, Sahne & Co.: Erstere geben der Quiche die gewünschte Festigkeit, letztere sorgen für die cremige Verbindung der Belagzutaten. Weil der Geschmack nicht zu kurz kommen soll, peppt man das Ganze mit Gewürzen, Kräutern und/oder geriebenem Käse auf:

- 3 Eier mit $^1/_4$ l Milch verquirlen und mit Salz, Pfeffer und Muskat abschmecken. Nach Belieben fein gehackte Kräuter unterrühren. Passt zu jedem Belag.
- 250 g saure Sahne mit 3 Eiern verquirlen und mit Salz, Pfeffer und 1 EL Currypulver abschmecken. 2 EL gemahlene Mandeln unterrühren. Passt z. B. zu einem Belag mit Garnelen oder Schweinefilet mit Erbsen.
- 1 Bund Frühlingszwiebeln putzen, waschen und in feine Ringe schneiden. In 2 EL Butter andünsten und abkühlen lassen. 100 g Sahne, 3 EL Senf und 2 Eier verquirlen. Mit Salz und Pfeffer würzen. Frühlingszwiebeln untermischen. Passt z. B. zu einem Belag mit Kartoffeln und Lyoner.
- 2 Eier mit 200-250 g Sahne und 50 g geriebenem Parmesan, Greyerzer, Bergkäse oder Gouda verrühren. Mit Salz, Pfeffer und Muskat abschmecken. Passt z. B. zu einem Belag mit Kichererbsen und Tunfisch.
- 150 g Crème fraîche mit 1 Packung passierten Tomaten (250 g) und 2 Eiern verquirlen. 1 Bund Basilikum waschen, fein hacken und unterrühren. Mit Salz, Pfeffer und 1 TL rosenscharfem Paprikapulver abschmecken. Passt z. B. zu einem Belag mit Hackfleisch oder Hähnchenbrustfilet.
- 125 g blanchierten Spinat mit 150 g Sahnegorgonzola pürieren. Mit Salz und Pfeffer würzen. 2 Eier unterrühren. Passt z. B. zu einem Belag mit Pilzen oder Fisch.

Pizza spontana

Ob Sie nach Ladenschluss noch ein Bärenhunger überkommt oder Überraschungsbesuch mit leerem Magen vor der Tür steht – eine saftig belegte Pizza mit Zutaten aus dem Vorrat kommt immer gut! Auch hier gilt: Erlaubt ist, was gefällt. Darum können Sie die folgenden Rezepte nach Lust und Laune variieren – je nachdem, was Sie gerade da haben. Die angegebenen Zutatenmengen reichen für ein Backblech.

Vorratstipps für Fans von Quiche, Pizza & Co.

Da unter Vorratshaltung jeder etwas anderes versteht, hier eine Auflistung der Zutaten, mit denen Sie jederzeit eine Quiche oder Pizza »zaubern« können, auch die, die auf diesen Seiten aufgeführt sind.

Kühlschrank
Butter oder Margarine
Eier
Pizzateig (Fertigprodukt aus dem Kühlregal)
Milch, Sahne, saure Sahne
Magerquark
Doppelrahm-Frischkäse
Geriebener Käse
Gekochter Schinken
Sardellenfilets (aus dem Glas)

Tiefkühlfach
Blätterteig
Kräuter (z. B. Petersilie und Schnittlauch)
Garnelen
Spinat

Vorratsschrank und Speisekammer
Mehl
Olivenöl
Trockenhefe
Zwiebeln
Knoblauch
Kartoffeln
Tomaten (aus der Dose)
Champignons (aus der Dose)
Tunfisch (aus der Dose)
Mais (aus der Dose)
Kichererbsen (aus der Dose)
Ananas (aus der Dose)
Peperoni (aus dem Glas)
Schwarze Oliven (aus dem Glas)
Kapern (aus dem Glas)

Pizza mit Meeresfrüchten

1 Zwiebel und 2 Knoblauchzehen schälen, fein hacken und in 1 EL Olivenöl andünsten. 1 Packung Tomatenfruchtfleisch (500 g) dazugeben und bei mittlerer Hitze einkochen lassen. Mit Salz, 1 Prise Chilipulver und 1 TL Oregano würzen. 1 EL Kapern unterrühren. 1 Peperoni (aus dem Glas) streifig schneiden. Mit 500 g Meeresfrüchten (aus dem Glas) und 1 EL Olivenöl mischen. Die Tomatensauce auf den Hefeteig (S. 114) streichen, die Meeresfrüchte darauf verteilen. Im vorgeheizten Ofen (Mitte) bei 220° 25 Min. backen.

Kartoffelpizza

700 g mehlig kochende Kartoffeln schälen und in feine Scheiben hobeln. 1 große Tomate waschen und klein würfeln. 1 kleine Dose Champignons (300 g) abtropfen lassen und sehr klein würfeln. Tomaten- und Pilzwürfel mit 1 durchgepressten Knoblauchzehe, 4 EL Gemüsebrühe, 2 EL Olivenöl und 75 g geriebenem Parmesan vermischen. Mit Pfeffer würzen. Die Masse auf dem Hefeteig (S. 114) verteilen, mit den Kartoffelscheiben belegen. Salzen, pfeffern und mit 2 EL Olivenöl beträufeln. Im Ofen (Mitte) bei 200° 40 Min. backen.

Pizza Hawaii

150 g gekochten Schinken würfeln. 500 g Lauch putzen, längs halbieren und waschen, dann streifig schneiden. 1 Dose Ananas (240 g) klein würfeln. Den Lauch in 1 EL Olivenöl andünsten. Mit Salz und Pfeffer würzen. Schinken, Lauch und Ananas auf dem Hefeteig (S. 114) verteilen. Mit Mozzarellawürfeln und geriebenem Appenzeller bestreuen. Im vorgeheizten Ofen (Mitte) bei 200° 25 Min. backen.

Pizza mit Sardellen und Schinken

1 kleine Dose Tomaten (400 g) abtropfen lassen und würfeln. 2 Zwiebeln in dünne Scheiben schneiden. 150 g gekochten Schinken streifig schneiden. 8 Sardellenfilets (aus dem Glas) abspülen. Den Hefeteig (S. 114) mit den Tomaten belegen. Zwiebeln und Schinken darauf verteilen. Sardellen, 6 Peperoni (aus dem Glas) und 50 g schwarze Oliven (aus dem Glas) dazwischen legen. Mit geriebenem Parmesan bestreuen. Im vorgeheizten Ofen (Mitte) bei 200° 25 Min. backen.

Pizza Andrea Doria

1 1/2 Dosen Tomaten (600 g) in einem Sieb abtropfen lassen, dann durchpassieren. 1 Zwiebel in dünne Ringe schneiden. 1 Knoblauchzehe fein hacken. 6 Sardellenfilets (aus dem Glas) abspülen und in Stücke schneiden. 50 g schwarze Oliven (aus dem Glas) entsteinen und grob hacken. Die Tomaten auf den Hefeteig (S. 114) streichen. Mit Zwiebel, Knoblauch, Sardellen, Oliven, 1 EL Kapern, Oregano und Pfeffer bestreuen. Mit 4 EL Olivenöl beträufeln. Im vorgeheizten Backofen (unten) bei 220° 20-25 Min. backen.

Register

Äpfel
Lauch-Apfel-Quiche 72
Sauerkrautquiche 52
Aprikosen-Gorgonzola-Tartes 10

Artischocken
Artischocken-Garnelen-Quiche 90
Artischockenpizza 28
Artischocken-Salami-Quiche (Variante) 90
Austernpilz-Schinken-Quiche 50

Basilikum: Heilbuttquiche mit Basilikumsauce 84

Bergkäse
Austernpilz-Schinken-Quiche 50
Kartoffelpie mit Schalotten 46
Lauch-Apfel-Quiche 72
Sauerkrautquiche 52
Birnentarte mit Gorgonzola 44
Brokkoli: Kleine Brokkoliquiches 8
Bunte Familienpizza 58

Cabanossi: Paprikaquiche mit Cabanossi 54
Calzone mit Schinken-Mozzarella-Füllung 98

Champignons
Bunte Familienpizza 58
Geflügelpie 106
Piroggen mit Pilzen und Schweinefleisch 14
Pizza Capricciosa 76
Cheddar: Geflügelpie 106

Chilischoten
Pikante Hackfleisch-Chili-Pizza 56
Scharfe Tunfischtarte 88

Comté
Putenquiche mit Fenchel 64
Quiche mit Lyoner und Tomaten 78

Dill: Kabeljauquiche mit Dillcreme 86
Doppelrahm-Frischkäse: Kräuter-Frischkäse-Quiche 22

Elsässer Winzerpastete 110

Emmentaler
Bunte Familienpizza 58
Schweizer Käsewähe 112
Erbsen: Calzone mit Schinken-Mozzarella-Füllung 98
Erdnussquiche mit Pute 82
Exotische Geflügeltarte 62

Feigen: Minipizzen mit Schinken und Feigen 10
Feine Forellenquiche 88

Fenchel
Fenchel-Walnuss-Pizza 42
Putenquiche mit Fenchel 64
Flammenkuchen 112
Focaccia mit Kräutern und Käse 96
Foccacia mit Ziegenfrischkäse (Variante) 96

Frühlingszwiebeln
Feine Forellenquiche 88
Sommerliche Gemüsequiche 32
Türkische Pizza 100

Garnelen
Artischocken-Garnelen-Quiche 90
Garnelenquiche mit Currysahne 70
Garnelenquiche mit Safran (Variante) 70
Geflügelpie 106

Gekochter Schinken
Austernpilz-Schinken-Quiche 50
Calzone mit Schinken-Mozzarella-Füllung 98
Mais-Schinken-Törtchen 6
Pikante Sardellen-Schinken-Pizza 58
Pizza Capricciosa 76
Quiche lorraine mit Käse (Variante) 104
Sauerkrautpizza (Variante) 52
Geräucherte Forellenfilets: Feine Forellenquiche 88

Gorgonzola
Aprikosen-Gorgonzola-Tartes 10
Birnentarte mit Gorgonzola 44
Focaccia mit Kräutern und Käse 96
Grüne Spargeltarte 48
Pizza mit vier Käsesorten 94
Sauerkrautpizza (Variante) 52

Gouda
Herzhafte Maisquiche 78
Mais-Schinken-Törtchen 6

Greyerzer
Kleine Brokkoliquiches 8
Kleine Gemüsequiches 8
Paprikaquiche mit Cabanossi 54
Quiche lorraine mit Käse (Variante) 104
Spinatpie mit Speck 108
Zucchiniquiche mit Kräutersauce 34
Grüne Bohnen: Quiche mit Schweinefilet und Bohnen 54
Grüne Spargeltarte 48

Hackfleisch
Herzhafte Maisquiche 78
Pikante Hackfleisch-Chili-Pizza 56
Türkische Pizza mit Rinderhack (Variante) 100
Hähnchen-Tomaten-Quiche 82

Heilbutt
Heilbuttquiche mit Basilikumsauce 84
Kartoffelpizza mit mariniertem Heilbutt 68
Herzhafte Maisquiche 78
Hessischer Speckkuchen 108

Hühnerfleisch
Exotische Geflügeltarte 62
Hähnchen-Tomaten-Quiche 82

Jagdwurst: Bunte Familienpizza 58

Joghurt
Heilbuttquiche mit Basilikumsauce 84
Zucchiniquiche mit Kräutersauce 34

Kabeljauquiche mit Dillcreme 86

Kartoffeln
Hessischer Speckkuchen 108
Kartoffelpie mit Schalotten 46
Kartoffelpizza mit mariniertem Heilbutt 68
Kleine Brokkoliquiches 8
Kleine Gemüsequiches 8
Kleine Spinatpizzen mit Ei 16
Kleine Tomatenpizzen mit Ricotta 12
Knuspriger Spinatkuchen 26
Kohlrabitarte mit Parmesan und Mandeln 24

Kräuter
Focaccia mit Kräutern und Käse 96
Garnelenquiche mit Currysahne 70
Kräuter-Frischkäse-Quiche 22
Lachs-Spargel-Quiche 86
Quarkquiche mit Kirschtomaten 24
Zucchiniquiche mit Kräutersauce 34
Kürbisquiche 42

Lachs
Lachs-Pie 66
Lachs-Spargel-Quiche 86

Lammfleisch
Lammquiche mit Rosinen und Pinienkernen 60
Schafkäse-Spinat-Börek 102
Türkische Pizza 100

Lauch
Erdnussquiche mit Pute 82
Geflügelpie 106
Hessischer Speckkuchen 108
Lauch-Apfel-Quiche 72
Möhren-Lauch-Tarte 74
Scharfe Tunfischtarte 88
Lyoner: Quiche mit Lyoner und Tomaten 78

Mais
Herzhafte Maisquiche 78
Mais-Schinken-Törtchen 6
Scharfe Tunfischtarte 88
Mandeln: Kohlrabitarte mit Parmesan und Mandeln 24
Mangoldquiche mit Pinienkernen 36
Mascarpone: Sommerliche Gemüsequiche 32
Meeresfrüchte: Miniquiches mit Meeresfrüchten 18
Minipizzen mit Schinken und Feigen 10
Minipizzen mit Tunfisch-Tapenade 20
Miniquiches mit Meeresfrüchten 18

Möhren
Erdnussquiche mit Pute 82
Geflügelpie 106
Kleine Gemüsequiches 8
Möhren-Lauch-Tarte 74
Möhren-Speck-Quiche 50
Sommerliche Gemüsequiche 32

Mozzarella
Calzone mit Schinken-Mozzarella-Füllung 98
Kartoffelpizza mit mariniertem Heilbutt 68
Kleine Spinatpizzen mit Ei 16
Olivenkuchen 38
Pizza Capricciosa 76
Pizza Margherita 92
Pizza mit vier Käsesorten 94
Salami-Minipizzen 16
Mungobohnensprossen: Quiche asiatisch 62

Oliven
Kleine Tomatenpizzen mit Ricotta 12
Minipizzen mit Tunfisch-Tapenade 20
Olivenkuchen 38
Pissaladière (Variante) 80
Pizza Capricciosa 76
Pizza mit Schafkäse 76
Putenquiche mit Fenchel 64
Salami-Minipizzen 16
Sauerkrautpizza (Variante) 52
Spinat-Ricotta-Calzone 98

REGISTER

Paprikaschoten
Artischockenpizza 28
Artischocken-Salami-Quiche (Variante) 90
Bunte Familienpizza 58
Herzhafte Maisquiche 78
Lammquiche mit Rosinen und Pinienkernen 60
Olivenkuchen 38
Paprikaquiche mit Cabanossi 54
Paprikaquiche mit Roquefort 30
Parmaschinken: Minipizzen mit Schinken und Feigen 10

Parmesan
Artischocken-Salami-Quiche (Variante) 90
Kartoffelpizza mit mariniertem Heilbutt 68
Knuspriger Spinatkuchen 26
Kohlrabitarte mit Parmesan und Mandeln 24
Kürbisquiche 42
Minipizzen mit Schinken und Feigen 10
Pizza mit vier Käsesorten 94
Sauerkrautpizza (Variante) 52
Tomaten-Rucola-Pizza 30
Trauben-Käse-Tarte 38

Pecorino
Artischockenpizza 28
Pikante Sardellen-Schinken-Pizza 58
Pizza mit vier Käsesorten 94
Zwiebelpizza 80

Peperoni
Pikante Sardellen-Schinken-Pizza 58
Türkische Pizza 100
Physalis (Kapstachelbeeren): Exotische Geflügeltarte 62
Pikante Hackfleisch-Chili-Pizza 56
Pikante Sardellen-Schinken-Pizza 58

Pinienkerne
Kleine Brokkoliquiches 8
Lammquiche mit Rosinen und Pinienkernen 60
Mangoldquiche mit Pinienkernen 36
Spargelkuchen 28
Piroggen mit Pilzen und Schweinefleisch 14
Pissaladière (Variante) 80
Pizza Capricciosa 76
Pizza Margherita 92
Pizza mit Schafkäse 76
Pizza mit vier Käsesorten 94
Provolone: Mangoldquiche mit Pinienkernen 36

Putenfleisch
Erdnussquiche mit Pute 82

Geflügelpie 106
Putenquiche mit Fenchel 64

Quark
Flammenkuchen 112
Knuspriger Spinatkuchen 26
Quarkquiche mit Kirschtomaten 24
Quiche asiatisch 62
Quiche lorraine 104
Quiche lorraine mit Käse (Variante) 104
Quiche mit Lyoner und Tomaten 78
Quiche mit Schweinefilet und Bohnen 54

Räucherlachs: Lachs-Pie 66

Räucherspeck
Flammenkuchen 112
Hessischer Speckkuchen 108
Möhren-Speck-Quiche 50
Quiche lorraine 104
Sauerkrautquiche 52
Spinatpie mit Speck 108
Reblochon: Trauben-Käse-Tarte 38

Ricotta
Kleine Tomatenpizzen mit Ricotta 12
Mangoldquiche mit Pinienkernen 36
Spinat-Ricotta-Calzone 98
Roquefort: Paprikaquiche mit Roquefort 30
Rosinen: Lammquiche mit Rosinen und Pinienkernen 60
Rote Zwiebeltarte 40
Rucola: Tomaten-Rucola-Pizza 30

Safranpulver: Garnelenquiche mit Safran (Variante) 70

Sahne
Flammenkuchen 112
Garnelenquiche mit Currysahne 70
Quiche lorraine 104
Schweizer Käsewähe 112

Salami
Artischocken-Salami-Quiche (Variante) 90
Bunte Familienpizza 58
Salami-Minipizzen 16

Sardellenfilets
Pikante Sardellen-Schinken-Pizza 58
Pissaladière (Variante) 80
Pizza Capricciosa 76
Spinat-Ricotta-Calzone 98

Sauerkraut
Sauerkrautpizza (Variante) 52
Sauerkrautquiche 52

Schafkäse
Lammquiche mit Rosinen und Pinienkernen 60
Pikante Hackfleisch-Chili-Pizza 56
Pizza mit Schafkäse 76
Schafkäse-Spinat-Börek 102
Spinat-Käse-Taschen 12
Schalotten: Kartoffelpie mit Schalotten 46
Scharfe Tunfischtarte 88

Schweinefleisch
Elsässer Winzerpastete 110
Piroggen mit Pilzen und Schweinefleisch 14
Quiche asiatisch 62
Quiche mit Schweinefilet und Bohnen 54
Schweizer Käsewähe 112
Shiitake-Pilze: Quiche asiatisch 62
Sommerliche Gemüsequiche 32

Spargel
Grüne Spargeltarte 48
Lachs-Spargel-Quiche 86
Sommerliche Gemüsequiche 32
Spargelkuchen 28

Spinat
Kabeljauquiche mit Dillcreme 86
Kleine Spinatpizzen mit Ei 16
Knuspriger Spinatkuchen 26
Lachs-Pie 66
Schafkäse-Spinat-Börek 102
Spinat-Käse-Taschen 12
Spinatpie mit Speck 108
Spinat-Ricotta-Calzone 98

Staudensellerie
Kleine Gemüsequiches 8
Exotische Geflügeltarte 62

Tomaten
Artischockenpizza 28
Bunte Familienpizza 58
Calzone mit Schinken-Mozzarella-Füllung 98
Hähnchen-Tomaten-Quiche 82
Kartoffelpizza mit mariniertem Heilbutt 68
Kleine Tomatenpizzen mit Ricotta 12
Olivenkuchen 38
Paprikaquiche mit Roquefort 30
Pissaladière (Variante) 80
Pizza Capricciosa 76
Pizza Margherita 92
Pizza mit Schafkäse 76
Quarkquiche mit Kirschtomaten 24
Quiche mit Lyoner und Tomaten 78
Sauerkrautpizza (Variante) 52

Tomaten-Nuss-Tarte 74
Tomaten-Rucola-Pizza 30
Türkische Pizza 100
Trauben-Käse-Tarte 38

Tunfisch
Minipizzen mit Tunfisch-Tapenade 20
Scharfe Tunfischtarte 88
Türkische Pizza 100
Türkische Pizza mit Rinderhack (Variante) 100

Wachteleier: Kleine Spinatpizzen mit Ei 16

Walnusskerne
Fenchel-Walnuss-Pizza 42
Tomaten-Nuss-Tarte 74

Ziegenfrischkäse: Foccacia mit Ziegenfrischkäse (Variante) 96
Ziegenkäse: Fenchel-Walnuss-Pizza 42

Zucchini
Kleine Gemüsequiches 8
Lammquiche mit Rosinen und Pinienkernen 60
Zucchiniquiche mit Kräutersauce 34
Zuckerschoten: Sommerliche Gemüsequiche 32

Zwiebeln
Rote Zwiebeltarte 40
Zwiebelpizza 80

Impressum

FoodFotografie Eising
wird von Susie M. und Pete A. Eising geleitet. Sie studierten an der Fachakademie für Fotodesign in München und widmeten sich schon bald nach dem Studium ihrer gemeinsamen Passion für Esskultur und Kochkunst. 1981 gründeten Sie ihr eigenes Studio für Food Fotografie. Ihre Kenntnisse über fremde Küchen und Kulturen vertieften Susi M. und Pete A. Eising auf zahlreichen Reisen, von denen sie immer wieder neue Eindrücke in die künstlerische Gestaltung ihrer Produktion einbringen.

Abkürzungen

TL = Teelöffel
EL = Esslöffel
Msp. = Messerspitze
Pck. = Päckchen
TK = Tiefkühl(kost)
kcal = Kilokalorien
E = Eiweiß
F = Fett
K = Kohlenhydrate

Bildnachweis
Stockfood S. 114, 115, 117; alle anderen FoodFotografie Eising

© 2001 Gräfe und Unzer Verlag GmbH, München.
Alle Rechte vorbehalten. Nachdruck, auch auszugsweise, sowie Verbreitung durch Bild, Funk, Fernsehen und Internet, durch fotomechanische Wiedergabe, Tonträger und Datenverarbeitungssysteme jeder Art nur mit schriftlicher Genehmigung des Verlages.

Redaktion: Alessandra Redies
Foodfotografie: FoodFotografie Eising
Umschlaggestaltung: independent Medien-Design
Typografie und Layout: Kraxenberger KommunikationsHaus GmbH
Herstellung: Petra Roth
Satz: Johannes Kojer, München
Reproduktion: Repro Schmidt, Dornbirn/Austria
Druck: Appl
Bindung: Monheim

ISBN 3-7742-3289-X

Auflage	5.	4.	3.	2.	1.
Jahr	2005	04	03	02	01

Das Original mit Garantie

Ihre Meinung ist uns wichtig. Deshalb möchten wir Ihre Kritik, gerne aber auch Ihr Lob erfahren. Um als führender Ratgeberverlag für Sie noch besser zu werden. Darum: Schreiben Sie uns!
leserservice@graefe-und-unzer.de
Wir freuen uns auf Ihre Post und wünschen Ihnen viel Spaß mit Ihrem GU-Ratgeber.

Unsere Garantie: Sollte ein GU-Ratgeber einmal einen Fehler enthalten, schicken Sie uns das Buch mit einem kleinen Hinweis und der Quittung innerhalb von sechs Monaten nach dem Kauf zurück. Wir tauschen Ihnen den GU-Ratgeber gegen einen anderen zum gleichen oder ähnlichen Thema um.

Ihr Gräfe und Unzer Verlag
Redaktion Kochen
Postfach 86 03 25
81630 München
Fax: 0 89/4 19 81 - 113